탕굴라산(당고라산)
쭈자이고우(구한명승지)
동남대불사
자링강(가릉
사고랑산
대족석굴
장 티벳 고 원
퉁티엔허(통천하)
청두(성도)
충칭(중경)
두장옌(도강언)
양쯔강
어메이샨(아미산)
진사강(금사강)
라산대불
강진
사면산
이빈
(의빈)
촉남죽해
남천금불산
혁명유적지
샹글
리라
이탄댐
펑두
(풍도)
풍도
이강고성
대리고성
쿤밍(곤명)
윈구이고원
(운귀고원)

대능하현관무덤군
작어성
우씨(무계)
따창꾸진(대창고진)
파유민속문화촌
조천문
대능하소삼협
우샤(무산)
장슈(장수)
양평쌍규당
백학량
평지(봉절)
원양(운양)
장비묘
명산
완조우(만주)
중시엔(충현)
석보채
시토어구전(서타진)
무릉산

한반도 환경 대재앙

산샤댐

이 도서의 국립중앙도서관 출판시도서목록(CIP)은
e-CIP 홈페이지(http://www.nl.go.kr/cip.php)에서
이용하실 수 있습니다.(CIP 제어번호 : CIP 2007001196)

* 이 책은 삼성언론재단의 저술 지원을 받아 출판되었습니다.
* 이 책의 판매 수익금 중 일부는 낙동강 하구 보호를 위해 사용됩니다.

한반도 환경대재앙

샨샤댐

진재운 지음

산지니

늘 바쁜 남편과 아빠를 기다려 주는

아내와 딸 진영 아들 진정에게 감사하며...

장강의 뒷물결은 더 이상 앞물결을 치지 못한다

"장강후랑추전랑 세상신인환구인
(長江後浪推前浪 世上新人換舊人)
장강의 뒷물결은 앞물결을 치고
세상은 새로운 사람들이 옛사람들을 대신한다."

중국 초기 전국시대 사상가인 묵자(墨子)가 세상의 이치는 늘 새로움 속에서 공존한다며 쓴 시의 한 구절이다. 하지만 지금 장강(長江) 즉 양쯔강엔 더 이상 세대 교체의 거대한 강의 흐름이 없다. 그 대신 수력 발전을 하염없이 기다리고 있는 거대한 호수의 갇힌 물만 존재할 뿐이다.

필자가 처음으로 양쯔강을 찾은 것은 여름 장마가 겨우 끝이 난 지난 2005년 8월 하순 무렵! 샨샤댐 공사가 한창인 이창(宜昌) 지역이었다.

발원지인 탕굴라 산맥의 빙하에서 4500km를 흘러 온 양쯔강의 물은 누런색을 띠다 못해 차라리 붉었다. 홍수로 불어난 거센 강물

양쯔강의 허리를 끊은 샨샤댐은 만리장성 이후 중화의식의 상징처럼 자리잡고 있다. (사진출처 : 중국양쯔강유역수자원보호국)

은 수천 킬로미터를 지나면서 강주변의 엄청난 토사를 안고 흘러와 강은 흡사 걸쭉한 황톳물을 연상케 했다. 홍수에 섞인 토사는 지난 수천 년간 하류 양쯔강 문명의 기반이 되는 비옥한 토양을 공급해 왔다. 하지만 지난 1993년 양쯔강의 중류 지역인 이창에 중국 최대 규모의 토목공사가 시작되면서 양쯔강은 그 허리가 끊겼다. 중국 정부는 80년간의 논란 끝에 3개의 거대한 협곡인 샨샤(三峽) 계곡에 높이 185m의 거대한 댐을 건설하기 시작한 것이다.

홍수로 빠르게 흘러내리던 양쯔강은 샨샤댐의 공사가 시작된 지 10년 만인 지난 2003년 물을 가두기 시작하면서 역류하기 시작했다. 역류한 물은 어린 아기의 걸음마 속도로 계속 차오르면서 660km 상류 지역인 충칭(重慶)까지 거슬러 올라갔다. 한반도의 두 배에 달하는 샨샤댐 수계 자체가 거대한 호수로 변한 것이다. 모든 것이 잠겨갔다. 마을이 사라지고 도시까지 집어 삼켰다. 아파트가

샨샤댐으로 집을 옮겨야 하는 이민자는 공식적으로 115만 명이지만 실제는 이보다 훨씬 늘어났다.

있던 자리엔 거대한 조선소가 들어섰다. 역류한 물을 피해 집을 옮겨간 이민자만 공식적으로 115만 명에 달한다. 하지만 집계되지 않은 이민자들은 이보다 훨씬 많다.

삼국지의 주무대였던 샨샤 협곡의 많은 문화재가 물에 잠겼다. 고스란히 수장된 생태계는 일차적인 관심에서 멀어져 있는 듯하다. 많은 쓰레기가 미처 다 치우지 못한 채 수장되었다.

샨샤댐 주변은 호수에서 생겨난 안개 때문에 맑은 하늘 보기가 더 어려워졌다.

정체된 공기 때문에 피부와 호흡기 질환자들의 발생 빈도가 높아지고 있다. 무거운 물의 무게를 견디지 못한 지반은 잦은 산사태로 이어져 사람들의 목숨을 위협한다.

샨샤는 '물의 땅' 이지만 마실 물은 도리어 부족해졌다. 고스란히 수장됐던 쓰레기들이 떠오르면서 샨샤댐을 왕래하는 선박의

샨샤댐이 들어선 후 떠내려가지 못하는 쓰레기는 식수 오염뿐 아니라 선박의 안전문제에도 영향을 미치고 있다.

운항마저 방해한다. 샨샤댐에 갇힌 물의 무게는 400억 톤! 일각에선 이 무게가 한 곳을 지속적으로 누르면 지구의 자전축에도 영향을 미쳐 큰 재앙을 부를 수 있다고 말한다.

황해와 동중국해는 양쯔강에서 내뿜는 황토색의 담수에 의존해 왔다. 하지만 샨샤댐은 이 강물의 양을 줄이면서 황해 생태계에 큰 변화를 몰고 왔다. 퇴적물이 지속적으로 공급되지 않으면서 갯벌마저 침식당하고 있다. 양쯔강 삼각주의 침식은 이미 진행되고 있으며 한반도 서해와 남해안 갯벌도 영향권에 들어갔다고 한다. 해류의 흐름마저 방해하면서 바다 오염을 부채질하고 더 나아가 바다 온도를 끌어 올려 태풍 등 자연재해의 강도를 높일 수 있다는 연구 결과도 나오고 있다.

지난 2003년 태풍 '매미'와 2005, 2006년 봄 서해안 이상 폭설 등이 이미 시작된 환경 재해의 유력한 증거가 될 수 있다고 경고한다. 더욱이 샤샤댐은 북쪽 만주 지역의 사막화를 부채질한다는 연구도 나왔다. 앞으로 황사는 더욱 강해지고 심각해질 것이라는 분석이다. 그리고 예측하지 못한 환경재앙은 언제 어떤 모습으로 우리 곁에 다가올 지 알 수 없다.

이 책은 2005년 여름 중국 베이징(北京)을 시작으로 중국 내륙 최대도시인 청두(成道)에서 상하이(上海)까지 두 달여 동안 5000km를 달리면서 취재한 내용을 옮긴 것이다.

그리고 2005년 11월 "한반도 환경대재앙-샤샤댐"이란 제목의 TV다큐멘터리로 전국에 방영되면서 국내에서도 샤샤댐에 대한 연구와 대응을 위한 본격적인 발판이 되기 시작했다.

이 책의 제목으로 뽑은 '샤샤댐'은 삼협댐(三峽dam)을 발음나는데로 표기한 것이다. 삼협은 '샤씨아, 샤시아, 산샤' 등으로 발음될 수 있다. 하지만 필자는 중국 현지 가이드의 발음을 바탕으로 '샤샤댐'으로 표기하기로 결정했다.

책에 있는 내용은 필자가 중국 현지에서 취재 활동을 통해 확보한 자료들로 구성돼 있다. 하지만 정보 공개에 대한 제약이 많은 중국의 특성상 일부 내용은 그동안 샤샤댐과 관련한 국내외 통신사와 신문 등 언론의 보도 내용을 필자의 경험과 맞춰 취합해 정리했다.

실명을 밝힐 순 없지만 중국 현지에서 공안들의 감시를 피해 취재를 도와준 여러 현지 언론인과 가이드분들 그리고 입맛에 맞지 않은 중국 음식을 감내하며 촬영을 맡은 최진혁 카메라기자, 샨샤댐의 문제를 한국 정부와 정치권에 각인시킨 전용우 기자에게도 감사를 드린다.

이와 함께 프로그램에 적극적인 지원을 아끼지 않았던 방송문화진흥회와 한국언론재단, 방송위원회, 일경언론재단 그리고 한국방송협회에도 지면을 빌어 감사를 전한다. 아울러 출판 지원을 해준 삼성언론재단과 출판을 흔쾌히 승낙한 산지니 출판사에도 감사의 말씀을 전한다.

중국 내륙, 그것도 수천 킬로 떨어진 곳에 건설된 샨샤댐은 불행히도 나비효과 이론을 증명하면서 한반도로 다가오고 있지는 않는지 늦었지만 이제는 돌아볼 시점인 것만은 분명해 보인다.

2007년 4월

너무 빨리 찾아온 봄기운이 그리 반갑지만은 않은

부산 반여동에서

방익찬
(국립수산과학원 해양환경본부장)

중국에서는 물을 잘 다스려야 나라를 다스릴 수 있다는 말이 있다. 고대에는 그 대상이 황하(黃河)였으나 이제는 양쯔강이다. 중국은 양쯔강의 물을 다스리기 위해 거대한 샨샤댐을 건설했다. 샨샤댐으로 양쯔강 유역뿐만 아니라 물이 마른 황하 유역에도 물을 공급하겠다는 야심찬 계획이다. 남수북조(南水北調) 즉 남쪽의 양쯔강 물을 끌어다 북쪽에 공급한다는 계획에 따라 건설되는 샨샤댐은 그 유역 면적만 한반도의 두 배가 넘는 이른바 만리수성(萬里水城)의 세계 최대 공사다. 과연 중국다운 거대한 토목공사다. 이 계획의 목표대로 중국의 상징인 두 강을 잘 다스릴 수 있기를 바란다.

그러나 모든 일에는 긍정적인 효과와 더불어 부정적인 효과가 있기 마련이다. 샨샤댐 건설은 워낙 규모가 크기 때문에 그에 따르는 부수적인 효과도 클 수밖에 없다. 우리의 일차적 관심은 샨샤댐이 동중국해와 황해 그리고 동해에 미치는 영향이다. 현재까지는 그 영향이 미미하다. 샨샤댐이 아무리 크더라도 바다의 규모가 더 크기 때문이다. 만약 바다가 양쯔강 유출수의 변화에 안정적으로 적응해 약간 변화된 균형상태를 다시 이룬다면 별 문제가 없을 수 있다. 그러나 바다에는 카오스 상태가 언제든지 나타날 수 있다. 한 쪽의 영향이 다른 쪽에 영향을 주고 그 영향을 다시 서로 주고 받으며 효과가 증폭된다면 아무리 작은 영향이라도 엄청나게 큰 결과를 가져오는 상태다. 흔히 '북경의 나비가 날개짓 한 결과 뉴욕에서 폭풍우가 생긴다(나비효과)' 라고 말하는 현상이다.

이 책은 샨샤댐 건설이 가져올 수 있는 부정적 효과에 초점을 맞추고 쓴 책이다. 특히 지구재난과 기후변화가 세계적인 관심의 대상이 된 요즈음에는 이러한 관점이 점점 더 중요해지고 있다. 환경난민(環境難民)을 예로 들어 보자. 이는 정치적이나 외교적 유랑자들이 아닌 지구온난화에 의한 해수면 상승과 사막화 홍수 등으로 나타나는 환경재난의 피해자들을 일컫는 말이다. 국제법상으로 난민의 지위조차 받지 못하지만 오는 2010년이면 전 세계에 약 5000만 명의 환경난민자가 생겨난다는 예측이 있다.

샨샤댐 건설이 2009년에 완공되면 댐에 갇히는 물의 양이 약 4

백억 톤에 달한다. 그 무게를 짐작하기 힘들지만 이는 일본 열도에 있는 모든 담수를 합친 양과 맞먹는다. 4백억 톤의 물은 중국 내륙 양쯔강 주변 19개의 도시를 삼켰다. 이로 인해 수몰인구가 150만 명을 넘어섰다. 난민자들은 샨샤댐 주변 지역을 시작으로 내륙으로 퍼지고 있으며 서서히 동북아 전체로 확산되고 있다. 앞으로 얼마나 더 많은 환경난민자를 만들 것인지 주목된다.

이런 엄청난 물의 양이 한 곳에 집중되면 주변 지형에 산사태와 지진을 유발할 수도 있다. 70만 톤의 101층 건물이 타이페이에 건설되면서 주변 지형이 불안정지형으로 변해 지진을 유발한다는 보고서가 제출된 것과 비교하면 이보다 수만 배나 더 무거운 샨샤댐의 파괴력은 짐작하기 그리 어렵지 않다. 샨샤댐 물의 무게는 지구 자전축에도 영향을 주게 된다는 견해도 있었다.

동중국해와 황해는 초당 3만여 톤에 이르는 양쯔강 유출수량에 맞춰 생태계를 유지해 왔지만 샨샤댐으로 유출량이 줄면 염분은 높아진다. 이로 인해 낮은 염분에 익숙한 현재의 바다생태계는 영향을 받으며 어류의 산란과 생육장의 역할이 장애를 받고 어업에 영향을 주게 될지도 모른다. 또한 긴 시간으로 볼 때 약간의 변화라도 염분증가는 해수순환을 변화시키고 수온을 상승시켜 기상이변을 야기한다는 분석도 있다.

사실 이러한 견해는 예측의 부정확성 때문에 학계에서 다루어지기가 쉽지 않다. 지난 2005년 샤샤댐 문제로 처음 만난 진재운 기자는 샤샤댐 연구에 시작 단계였던 국내 학계에 많은 영향을 주었다. 그는 샤샤댐 건설에 대한 많은 취재를 했으며 이 책은 그 결과를 정리한 것이다. 샤샤댐은 단기간에서는 큰 영향 없이 운영될지도 모른다. 하지만 댐은 최소한 100년 단위로 가동되며 그러한 시간 단위에서는 커다란 위협이 될 지도 모른다. 이 책에서 그러한 위협을 경고하고 있다.

차례

|2부| 환경난민 1천만 명

2. 제2의 만리장성 샨샤댐

3. 대륙으로 확산되는 환경난민

|3부| 샨샤댐, 황해의 젖줄을 끊다

|4부| 샨샤, 한반도를 덮치다

7. 샨샤댐의 나비효과

8. 남수북조의 첫 삽, 샨샤댐

9. '곤'의 실패한 치수

| 1부 |

샨샤(三峽)를 글자 그대로 풀면 세 개의 깊은 골짜기가 된다. 샨샤의 협(峽)은 강이 좁아 물살이 험하고 양안에 아찔한 벼랑이 깎아지른 듯이 솟아 있는 곳을 뜻한다. 충칭에서 양쯔강을 따라 뱃길로 600km를 내려가면 빠른 물살이 일기 시작하는 샨샤를 만난다.

구름 위의 협곡, 샨샤

샤오샨샤의 협곡
샨샤의 지류 가운데 하나인 샤오샨샤의 협곡, 계곡과 물과 안개가 신비함을 자아낸다.

1 구름 위의 협곡, 샨샤

• 용이 삼킨 구절양장(九折羊腸), 양쯔강

양쯔강은 동쪽으로 흐른다

중국에서는 창지앙(長江)이라 부르는 양쯔강은 그 이름에서 알 수 있듯이 중국에서 가장 긴 강이자 전 세계에서 세 번째로 그 길이만 6300km에 달한다. 양쯔강(Yangtze)의 명칭은 상하이 부근의 하류 지역에서 부르는 지역 명칭이지만 이것이 현재 세계적으로 통용되고 있다.

수원은 티벳고원에 있는 탕굴라 산맥의 주봉인 해발 6621m인 구라탄톤산 북사면이며 빙하가 녹은 물이 원류가 돼 흘러 나온다. 강은 처음 토토강이란 명칭으로 시작되며 칭하이성(青海省) 남단을 흘러 퉁톈강(通天河)이 되고 위수를 지나면 진사장(金沙江)이라 불린다.

티벳자치지구와 쓰촨성(四川省)의 경계를 돌아 윈난성(雲南省)에 들어오면 험한 협곡을 돌게 된다. 이어서 윈구이고원(雲貴高

양쯔강

산맥과 평야를 돌고 돌아 나오는 양쯔강은 수원지에서 하구까지의 고도 즉 높이 차이가 5100m에 이른다. 세계의 지붕 가운데 하나인 티벳고원에서 발원한 양쯔강은 6300km를 흘러 상하이를 통해 동중국해로 빠져 나간다. (사진출처 : 중국양쯔강유역수자원보호국)

原)에 들어가 야룽강의 대지류와 합류해 쓰촨분지에 들어와 이빈(宜兵)에 이르면 이 때부터 창지앙(長江)이라 불리게 된다. 이곳의 중심에는 한때 대한민국 임시정부청사가 있던 충칭(重慶)이 있다. 충칭으로 민자강(岷江)과 자링강(嘉陵江) 우장강(烏江) 등과 합류해 동쪽으로 흘러간다. 이로부터 2백여km를 흘러 내려가면 3개의 거대한 협곡을 지나게 되는데 이 구역을 샨샤(三峽)라 한다.

샨샤의 끝 지점엔 이창(宜昌) 시가 있으며 양쯔강은 발원에서 이곳까지 이미 4500km를 흘러 내려왔다. 이곳에 세계 최대의 댐 샨샤댐이 들어섰다. 이곳까지가 양쯔강 상류에 해당하며 지형이

● 양쯔강의 기원

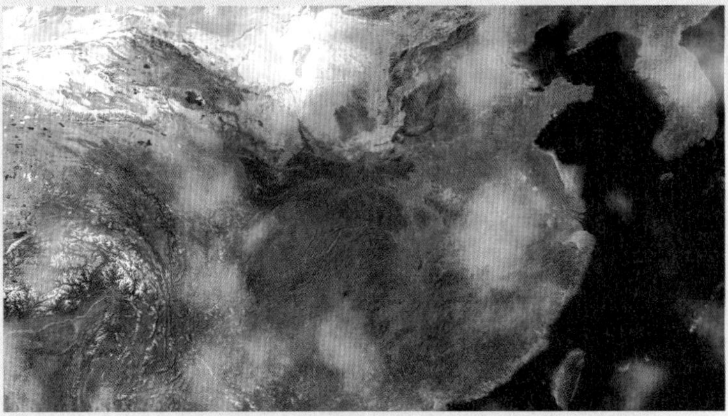

아주 긴 강이라 불리는 양쯔강(長江)은 발원지에서 하류까지 그 길이만 6300km로 서쪽 티벳고원 북부에서 발원해 동쪽으로 흘러간다.(그래픽 : 경성대 디지털대학원)

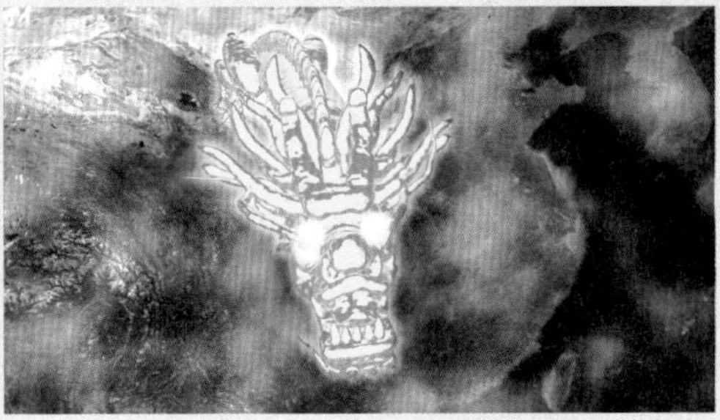

중국인들에게 양쯔강은 황금용이 만든 강이다. 아주 오래 전 황금용 한 마리가 샨샤의 달콤한 물맛에 취해 천상으로 올라가지 않고 지상에 눌러 앉았다. 그리고 또 오랜 세월 뒤 물맛에 이끌린 원숭이 무리가 물을 뺏기 위해 황금용의 계곡에 들어 왔다.

많은 원숭이 군대의 공격을 견디지 못한 황금용은 결국 계곡을 파헤치며 동쪽 바다로 달아난다. 이때 용이 파헤친 협곡을 따라 물이 넘쳐흘러 갔는데 이를 양쯔강이라 한다.

샨샤댐

양쯔강 가운데 가장 험난한 협곡인 샨샤의 허리를 가로질러 건설된 샨샤댐의 모습이다. 샨샤댐은 그 높이만 185m로 그 속에 갇히는 물의 무게는 세계 최대인 393억 톤에 달한다. 이것은 한반도 전체 담수를 합친 양의 두 배에 달한다.

험준하고 유속이 거세다.

샨샤 협곡을 지난 양쯔강은 평야지대에 들어서면서 흐르는 속도가 초당 1m 정도로 급속히 떨어진다. 이 구역에서 강은 느린 유속 만큼이나 구불구불한데 직선거리로 80km 정도지만 전체 강의 길이는 이보다 5배가 넘는 420km에 달한다. 이 물은 잠시 후난성의 동정호(洞庭湖)와 장시성의 포양호(鄱陽湖)에 흘러 든 다음 다시 양쯔강으로 배출된다. 중국인들은 이를 구곡회장(九曲回腸)이라 일컫는다. 예로부터 이곳은 홍수가 많은 지역이었다. 유역 면적만 양쯔강 전체의 40%에 달한다. 이곳은 수많은 호소를 잇는 수로가 그물코처럼 발달돼 있는 중국 최대의 곡창지대에 해당한다.

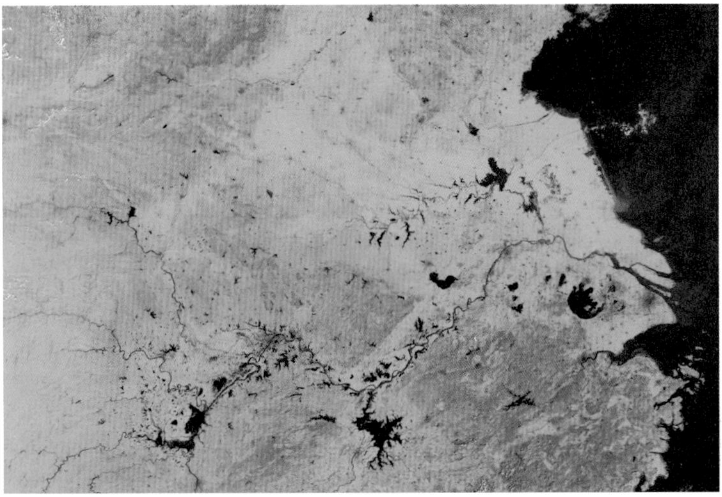

우주에서 본 양쯔강 줄기
중 · 하류로 접어들면서 양쯔강은 수많은 호소와 들판을 지나게 된다. 파랗고 긴 줄의 양쯔강이 위성에서도 뚜렷이 관찰될 정도로 선명하다. 사진 중앙 하단 부근 두 개의 커다란 호소는 동정호와 포양호다. (사진출처 : 미항공우주국)

이 지대를 지나면서 상하이까지는 약 800km의 거리로 광대한 삼각주 지대로 들어선다.

6000km를 흘러온 양쯔강이 몰고 온 토사가 오랜 세월 쌓여서 생긴 곳이다. 지세는 평탄해지고 수로망이 조밀해 호소도 많아 옛날부터 '호수의 나라' 라는 뜻의 택국(澤國)으로 불려왔다. 특히 남안에서 타이후 주변 지역은 강남 삼각주라는 이름으로 알려진 진형적인 수향(水鄕)이며 곡창지대다.

남경을 거쳐 난퉁으로 들어서면 강폭이 18km에 달해 바다인지 강인지 구분할 수 없을 정도로 넓어져 동중국해로 흘러든다.

상하이에서 바라 본 양쯔강

강폭이 10km가 넘어 흡사 바다를 연상시킨다. 사진의 강은 갈수기가 시작된 10월 말이지만 상류에서 몰고 온 황토로 짙은 붉은색을 띠고 있다.

상하이 푸동 항

양쯔강의 마지막 기착지인 상하이 푸동 항의 야경이다. 좌측의 뾰족한 탑이 중국 경제 성장의 상징인 동방명주다.

● 구름 위의 협곡, 샨샤

세 개의 협곡(취탕샤, 우샤, 시링샤)

샨샤(三峽)를 글자 그대로 풀면 세 개의 깊은 골짜기가 된다. 샨샤의 협(峽)은 강이 좁아 물살이 험하고 양안에 아찔한 벼랑이 깎아지른 듯이 솟아 있는 곳을 뜻한다. 충칭(重慶)에서 양쯔강을 따라 뱃길로 600km를 내려가면 빠른 물살이 일기 시작하는 샨샤를 만난다. 먼저 취탕샤(舊塘峽)를 시작으로 우샤(巫峽)와 시링샤(西陵峽)가 차례대로 나타난다. 이 세 협곡의 길이를 합하면 모두 200km에 달한다. 샨샤의 협곡은 흡사 하늘의 침공을 막기 위한 성벽을 쌓아 놓은 듯 깎아지른 절벽이 하늘까지 치솟아 있다. 그 옛날부터 이 절벽들을 일컬어 '천하제일협(天下第一峽)'이라 했다.

처음 마주치게 되는 취탕샤는 8km의 비교적 짧은 구간이지만 깎아지른 두 개의 절벽이 웅장하다 못해 장엄함을 금치 못한다. 그 사이로 양쯔강은 순간 강폭이 30m 정도로 좁아 심한 소용돌이를 일으킨다. 쓰촨성의 백제성에서 시작한 취탕샤는 펑지(奉節)를 거쳐 우샤(巫山)까지 이어진다.

다음으로 만나는 우샤는 45km의 비교적 긴 구간으로 해발 2000m가 넘는 12개의 봉우리로 이루어져 있다. 옛날 우(禹)왕이 양쯔강의 거센 물살을 다스릴 수 없어 낙담하자 하늘에 있던 서왕모의 딸 요희가 자매들을 데려와 우왕에게 물을 다스리는 법을 가르쳐 준 뒤 자신들은 봉우리에 앉아 항해하는 사람들의 뱃길을 살펴 주었다. 세월이 지나면서 이 자매들은 아름다운 모습으로 변한 채 12봉우리가 됐으며 이곳에는 특히 안개와 비가 많아 신비함을 자아내게 한다. 이 가운데 신녀봉은 옥황상제의 23번째 딸이 내려왔다고 한다.

우샤를 지나면 샨샤의 마지막 관문인 시링샤가 나온다. 66km의 긴 협곡은 샨샤 가운데 뱃길이 가장 험한 곳으로 유명했다. 수많은 사람들이 심청전의 심청이처럼 산채로 물귀신의 제물로 바쳐졌던 곳이기도 하다. 양쯔강은 이 시링샤를 지나면서 넓은 평지를 만나게 된다.

샨샤가 양쯔강의 본류와 마주하면서 만들어졌다면 샨샤로 흘러드는 양쯔강의 지류가 만든 협곡 또한 샨샤 지역에선 빼놓을 수가 없다.

우샤가 시작되는 무산에서 양쯔강의 본류가 아닌 지류로 빠져 상류로 올라가면 흙탕물의 양쯔강과는 전혀 다른 옥빛을 띠는 또 다른 협곡이 나타난다. 샨샤를 축소했다고 일컬어지는 샤오샨샤(小三峽)다. 샤오샨샤는 비록 전체적인 길이가 샨샤보다 훨씬 짧지만 그 웅장함과 신비함은 오히려 샨샤를 능가할 정도로 빼어나다. 샤오샨샤는 수직 절벽 위에 또 다른 수직 절벽을 2단 또는 3단을 쌓아놓은 형상을 하고 있다. 무엇보다 샤오샨샤는 양쯔강의 소용돌이치는 물살과는 달리 푸른 계곡물과 주변의 협곡이 시끄러운 세상을 막아주는 병풍 같은 역할을 하면서 또 다른 세상에 와있는 착각을 일으킬 정도다.

이보다 더 하류로 내려가면 양쯔강 절색의 미라 불리는 션농시

백제성에서 바라본 취탕샤

양쯔강을 따라 하류로 내려가면 샨샤의 첫 번째 관문인 취탕샤와 마주치게 된다. 3개의 협곡 가운데 가장 짧은 구간이지만 양 옆으로 도열한 높이 수백m의 절벽은 자연의 장엄함을 느끼기에 충분하다.

취탕샤를 오가는 돛단배
1920년대 사진이다.
(자료 : 충칭 샨샤박물관)

샤오샨샤가 시작되는 입구
이곳을 시작으로 상류로는 흙탕물인 양쯔강 본류와는 달리 푸른 물살을 보인다.

(神農溪)가 나타난다. 모두 60km에 달하는 션농시는 고대 파인(巴人)들의 거주지이면서 소수민족인 투자족(土家族)의 거주지이기도 하다. 션농시 주변의 협곡은 마치 하늘에 올라와 있는 듯한 절색의 미를 보여준다.

양쯔강이 세 개의 협곡을 만들면서 생겨난 샨샤는 곧 절벽과 협곡의 문화로 다른 어느 지역에서도 볼 수 없는 독특한 문명이 협곡 곳곳에 숨겨져 있다.

촉, 위, 오

산샤(三峽)의 삼(三)은 또한 삼국지의 촉과 위, 오나라 등 삼국(三國)의 경계지점이라 해서 붙여졌다. 산샤의 첫 관문이 시작되는 취탕샤 입구에는 백제성(白帝城)이 있다. 이곳은 유비가 장비의 원수를 갚으려고 일으킨 전쟁에서 오나라의 육손에게 패하자 그 분을 참지 못해 생긴 울화병으로 죽은 곳이다. 지금도 백제성에는 '유비탁고' 라는 건물이 있는데 유비가 제갈량에게 아들들의 후

유비탁고

유비는 백제성에서 제갈량에게 아들들의 후사를 부탁한다. 사진은 백제성 안에 밀랍 인형으로 전시된 유비탁고의 장면이다. 왼쪽으로부터 관홍, 장포, 제갈량, 유비, 유비의 두 아들인 유리와 유영, 조자룡, 이엄 등의 순이다. 유비의 큰아들 유선은 성도를 지키느라 이곳에 오지 않았다. 전쟁에 패한 충격과 의형제들의 죽음을 감당하지 못한 유비는 이곳에서 울화병으로 죽음을 맞이한다.

백제성

백제성은 취탕샤가 시작되는 입구에 있는 산이자 천혜의 요새로 삼국지의 주요 무대였다. 지금은 샨샤댐 때문에 물이 차오르면서 섬처럼 고립됐다. 백제성 뒤로 보이는 높은 산과 계곡이 취탕샤다.

사를 부탁하며 숨을 거둔 곳이다. 관우의 복수를 꿈꾸다 부하의 손에 어이없이 죽은 장비의 무덤도 이곳에 있다. 관우가 목숨을 걸고 끝까지 사수하던 형주산성, 맨손으로 조조의 오천 군사를 물리친 장비의 장판교, 삼국지의 하이라이트인 제갈공명의 적벽대전장도 샨샤라는 절벽의 무대가 만들어 낸 삼국지의 고향이다.

이처럼 샨샤는 유비의 촉나라와 위, 오나라가 이곳에서 국경을 맞대고 자웅을 겨룬 삼국지의 무대라는 뜻이기도 하다. 촉, 위, 오

백제성으로 오르는 계단
산 정상에 위치한 백제성을 가기 위해선 계단 800개를 올라야 한다. 백제성은 그만큼 높은 곳에 위치해 있다.

백제성 성문

배로 구당협을 건너는 제갈량 (자료출처 : 충칭 샨샤박물관)

삼국의 꼭지점에 샨샤가 놓여있는 것이다.

시인 이백은 "촉도지란 난어상청천(蜀道之難 難於上青天) – 촉으로 가는 길은 하늘을 오르는 것보다 힘들다"라고 말했다. 그만큼 샨샤를 통하는 지형이 험준하다는 뜻이다. 시인 서정주의 〈귀촉도(歸蜀道)〉에 나오는 '파촉(巴蜀) 삼만리(三萬里)' 도 이곳을 두고 한 말이다.

과거 중원에서 촉으로 들어가는 방법은 두 가지 길밖에 없었다. 첫 번째 방법은 양쯔강의 험한 물살 200km를 거슬러 올라가 통과하는 뱃길이고 또 한 가지는 천길 낭떠러지에 매달려 있는 촉(蜀)의 길인 '잔도(棧道)' 를 걸어서 가는 방법이 그것이다.

잔도
옛날부터 샨샤의 절벽을 오가는 유일한 길이며
지금도 이용되고 있다. (사진출처 : Li Jin Long)

의인, 미인, 야인

샤샤를 말하는 또 다른 세 가지는 사람이다. 샤샤엔 의인(義人)과 미인(美人)이 많고 그리고 험준한 산 속엔 야인(野人)들이 산다.

샤샤의 대표적인 의인이자 지금도 존경받는 충신으로 대우받는 사람은 초나라 시인 굴원(屈原)이다. 굴원은 진나라에 대항해야 한다는 자신의 주장이 무력화되자 초나라의 미래가 없음을 한탄하며 양쯔강에 몸을 던졌다. 이 당시 굴원은 '중취독성(衆醉獨醒)' 이라는 고사성어를 남겼다. 글자 그대로 풀어보면 '모두 취해 있는데 홀로 깨어 있다' 라는 말이 된다. '세상의 모든 사람이 불의와 부정을 저지르거나 모른 채 하고 있지만 혼자 깨끗한 삶을 산다' 는 것으로 요즘 세상에선 보기 힘든 '고독한 지조' 라 표현해야 할 듯하다. 후대인들은 갈대 잎으로 싼 송편을 강에 던져 물고기들이 굴원의 살을 뜯어 먹지 못하게 하는 풍습이 생겨났다. 이후 배를 몰아 굴원을 빨리 구해야 한다는 용주경기가 생겨나 수천 년을 이어왔다.

샤샤에는 또한 미인이 많다.

굴원은 전국시대 걸출한 정치가이자 사상가인 동시에 중국에서 가장 존경받는 충신이자 시인 중의 한 사람으로 평가받고 있다.

샤샤박물관 내부에 세워진 굴원의 동상

샤샤 미인
샤샤 계곡에서 필자에게 오랜 세월 구전되어 온 사랑가인 '우씨정가'를 불러 주고 있다.

안개가 많아 햇볕에 그을리지 않아 피부가 곱고 언덕길을 걸어다녀서인지 몸매가 날씬하다. 실제 샤샤 주변엔 안개 낀 날이 많아 개도 해를 보면 짖는다고 말할 정도다. 서시와 초선, 양귀비, 왕소군으로 일컬어지는 중국 4대 미인 가운데 한 명인 왕소군도 이곳 출신이다. 왕소군은 그 미모 때문에 날아가던 기러기도 반해 땅으로 떨어졌다고 해서 '낙안(落雁)' 이라는 칭호를 받았다.

'춘래불사춘(春來不似春)-봄이 와도 봄 같지 않구나' 는 왕소군이 오랑캐의 첩으로 가면서 다시는 샤샤로 돌아올 수 없는 자신의 처지를 비통해하며 지은 시의 한 구절이다. 왕소군은 한(漢) 원제 때 18세의 나이로 궁녀로 선발됐지만 집안이 가난해 화공에게 돈을 바치지 못했다. 당시에는 수천 명의 궁녀를 일일이 볼 수 없었던 황제는 화공이 그려주는 초상화를 보고 판단해 왔다. 자신에게 돈을 주지 않는 왕소군을 괘씸하게 여긴 화공은 그녀의 얼굴 위에 큰 점을 찍어 황제에게 받쳤다. 이 때문에 왕소군은 입궁 5년 동안 황제의 눈에 띄지 못했다.

이후 흉노족과 화친을 위해 황제는 자신의 후궁 가운데 총애를 받지 못하는 궁녀들을 불러 흉노족 호한야에게 한 사람을 선택해 데려 가도 좋다고 말한다. 궁궐에 들어와 한 번도 황제를 보지 못한 왕소군은 흉노족장과의 연회장에 불려 나왔고 천하절색의 미모에 호한야는 그녀를 선택한다. 곱고 윤기 있는 머릿결은 광채를 발하고 살짝 찡그린 두 눈썹엔 원망이 서린 듯 너무나 아름다운 왕소군의 미모에 황제인 원제도 그만 반하고 말았다. 하지만 이미 황제로서 내린 결정을 번복할 수가 없었다. 연회가 끝난 뒤 황제는 급히 후궁으로 돌아가 궁녀들의 초상화를 대조해 보고 화공을 참수해 버린다. 그 후 원제는 왕소군을 놓치기 싫은 마음에 그녀를 붙잡으려 했지만 때는 늦었다.

왕소군
서시, 초선, 양귀비와 함께 중국 4대 미인으로 불리는 왕소군의 초상

하는 수 없이 호한야에게 혼수 준비를 위해 3일만 기다리라고 속이고는 그동안 왕소군과 못이룬 정을 나눴다. 왕소군이 떠날 때 중원은 따뜻한 봄이었지만 북쪽 변방은 차가운 바람이 불어 닥쳤

다. 왕소군은 흉노에서 어진 마음으로 그곳 여인들에게 길쌈하는 방법 등을 가르쳤고 한과의 우호적인 관계 유지에 힘써 그 후 80여 년 동안 흉노와 한과의 전쟁은 없었다고 한다.

하지만 필자가 샤샤 지역을 취재하던 2005년에 샤샤가 미인의 지역이라는 인상은 그리 받을 수가 없었다. 현지 가이드는 "산업화와 도시화가 진행되면서 중학교만 졸업하면 대부분 돈을 벌기 위해 베이징이나 상하이 등지로 떠난다"라고 말했다. 그래서인지 샤샤 주변의 도시 술집에서는 현지인들보다 후난성(湖南省) 멀게는 윈난성(雲南省)과 티벳 그리고 신강위구르 자치지역에서 돈을 벌기 위해 온 여자들이 더 많다고 한다. 미인들은 떠나고 그 자리에 타지의 여자들이 자리를 대신하고 있는 것이다.

샤샤에는 풀리지 않은 미스테리가 하나 있다. 바로 신장 2m가 넘는 야인이 협곡을 돌아다닌다는 이야기다. 80년대 초만 해도 직접 본 사람들이 많았다고 하나 이후엔 목격자가 나타나지 않고 있다. 이 사실을 확인하려는 고찰단이 파견되기도 했다. 목격담을 종합해 보면 야인은 주로 원숭이와 함께 있는 경우가 많다. 평소 기어다니면서 한 번씩 일어서기도 하며 손발은 아주 크다. 온몸에는 털이 많으며 종종 인가에도 내려와 음식물을 훔쳐 먹기도 한다. 하지만 '빅풋(big foot)'의 전설처럼 사람과 다른 종이 아니라 샤샤의 깊은 협곡에서 야생의 상태로 살아갔던 한 종족이 아닌가 하는 추측이 더 설득력을 얻고 있다.

어쨌든 샤샤는 구름을 가르는 거대한 협곡에서 펼쳐지는 대하 로망의 대서사시가 펼쳐지는 곳이다. 옥황상제가 '지상에서 천상의 수미산 자미궁으로 가져갈 첫 번째 비경이 바로 이 샤샤였다' 고 한다.

샤오샨샤의 섬부

샨샤에서는 배를 타고 내려가는 것도, 타고 내려갔던 배를 다시 상류로 올리는 것도 모두 섬부들의 힘에 의해 이루어진다. 샤오샨샤 깊은 계곡에서 배를 끌어 올리는 직업인 섬부들의 모습, 벌거숭이로 일하는 것은 수시로 강에 뛰어들어야 하기 때문에 젖은 옷이 오히려 번거롭기 때문이라고 한다. 깊은 협곡에서 사진처럼 생활하는 섬부들을 두고 야인이라 불렀다는 이야기도 전해 온다.

샤오샤샤의 섬부
평생을 같이 호흡하는 동업자인 이들은 서로 간의 신뢰로 샤샤의 거센 물살을 이겨낸다.

● 용을 쫓아 온 야인, 섬부

시지프스(Sishpus)의 바위를 짊어지다

동력선이 없었던 예전부터 양쯔강의 험한 물살에 배를 띄울 수 있었던 것은 바로 사람의 힘이었다. 샨샤엔 세상 어느 곳에서도 볼 수 없는 직업인 첸푸(纖夫, 이하 섬부)가 있다. 노를 젓는 것으로는 양쯔강을 거슬러 올라가는 것은 고사하고 물살을 타고 내려가는 것조차 불가능하다. 이때 섬부들은 배에 긴 줄을 맨 채 강가에서 배를 끌어 올린다. 거센 물살에 배가 휩쓸려 내려가지 않도록 할 때도 섬부들이 긴 줄을 당기면서 속도 조절을 한다. 지난 1899년 상하이에서 양쯔강을 거슬러 중국을 여행했던 영국인 이사벨라(Isabella Bird Bishop)의 기행문을 보면 섬부가 이 지역에서 얼마나 중요한 지가 나타난다.

> ...때로는 염소나 간신히 기어 올라갈 수 있을 정도인 돌투성이 강기슭에서 대형 선박들이 2백~3백 명의 섬부에 의해 끌려 올라가고 있는 것을 볼 수 있다. 북과 징 소리가 요란하게 울리고 수백 명의 섬부가 대나무 밧줄에 긁히고 쓸려 크고 작은 상처를 입어가며 한데 뒤엉켜 소리를 질러댄다. 하지만 예인 밧줄이 끊어져 이들이 끌던 배가 소용돌이를 일으키며 쓸려 내려가면 몇 시간에 걸친 섬부들의 사투가 불과 1~2분 만에 수포로 돌아가 버리기도 한다...

샨샤박물관에 전시된 섬부상

물살이 사나울 정도로 거센 양쯔강을 오가는데 힘은 풍력이나 노가 아니라 인력이 유일한 수단이었던 것이다. 요즘은 동력선들이 등장해 이들 섬부의 모습들이 대부분 사라졌지만 동력선이 갈 수 없는 상류 계곡 등지에선 섬부들이 아직 여전히 남아 있다. 큰 배는 2, 3백 명의 섬부들이 배를 끌기도 했다. 필자는 이런 섬부들이 끄는 배를 직접 타 볼 기회를 몇 번 가졌었다.

양쯔강의 지류로 빠지는 다링강(大凌河) 샤오샨샤의 한 지류에선 아직도 섬부들만의 힘으로 배를 끄는 지역이 있다. 그곳 계곡에서는 동력선의 운항이 불가능하기 때문에 주민들은 필요한 물건을 사기 위해 섬부들이 끄는 배를 타고 계곡을 내려온다. 이곳에서 섬부들이 끄는 배는 길이 4m가량으로 모두 나무를 깎아 만들었다.

배를 끄는 섬부들
오로지 섬부들의 힘만으로 험준한 계곡을 거슬러 배를 끌고 올라간다.

배의 바닥은 바위에 부딪히거나 바닥에 닿아도 파손이 되지 않을 정도로 유선형으로 매끈하게 다듬어져 있다. 이 배를 끌기 위해선 모두 6명의 섬부가 한 조가 된다. 4명은 배 밖에서 줄을 잡아끌거나 너무 빠르게 내려가지 않도록 당기는 역할을 한다. 그리고 두 명은 배 위에서 조정한다. 이 가운데 한 명은 앞에서 한 명은 뒤에서 키를 조절한다.

대부분 한 마을 사람들인 이들은 서로 간의 신뢰가 절대적이다. 단 한 명도 맡은 일을 소홀히 했을 때 배는 전복되거나 계곡에 휩쓸려 나뭇잎과 같은 신세가 된다. 모두 5km 정도의 계곡을 내려오기 위해서는 2시간가량이면 충분하다. 하지만 문제는 이 배를 다시 산 위의 마을로 가기 위해서는 섬부들의 힘으로 끌고 올라가야

양쯔강의 급류에 맞서 배를 끄는 섬부들

한다. 취재진은 차마 끌고 올라가는 배를 타지는 못했지만 섬부들은 앞으로 3일을 쉬지 않고 끌고 올라가야 한다고 오히려 당연하듯이 말한다.

이런 섬부들은 태어나면서 그 자체로 운명이 지어져 있는 듯하다. 작은 체격이지만 탄탄한 어깨와 다리 근육 그리고 균형잡힌 몸매는 산으로 배를 끌어 올리는 힘의 원동력처럼 보인다. 섬부들의 이런 고단한 일생은 곧 노래와 함께 시작하고 끝이 난다. 배를 끌 때는 여지없이 키를 잡은 섬부의 선창에 의해 노래가 나오고 이 노래는 곧 합창이 된다. 응원가처럼 힘을 줘야 할 때 줄을 느슨하게 잡을 때와 같이 힘의 조절 역할을 하며 지금껏 필자가 들어왔던 어느 노래보다 최고의 노동요였다.

양쯔강을 지나는 샨샤 계곡의 강 옆으로는 뭔가에 깊게 패인 듯한 바위들을 급류가 있는 곳마다 볼 수 있다. 이것은 섬부들이 긴 줄을 끌면서 지렛대와 도르레 역할을 했던 바위들이다. 수천 년간 섬부들의 끌고 당겼던 긴 줄에 바위가 닳고 닳아 움푹 패인 것이다. 딱딱한 바위에 깊이 패인 생채기는 섬부들이 수천 년간 쌓이고 쌓인 힘든 노동의 산물임이 분명하다.

섬부가 존재했던 이유는 샨샤의 깊은 골짜기와 양쯔강의 급류에 맞설 수 있는 유일한 답이 사람의 힘이었기 때문이다. 험준한 산세에 육로는 불가능하고 오직 강물을 따라 배에 싣고 가야 하기 때문이다. 가끔 계곡물처럼 거친 물살이 흘러오는데 마치 연어가 물살을 거슬러 올라가듯 강물을 거슬러 올라가야 한다.

바위에 새겨진 섬부들의 흔적
섬부들이 배에 긴 줄을 매달아 끌면서 지렛대 역할을 해 온 강변 바위는 오랜 세월이 지나면서 이처럼 깊게 패여 있다. 하지만 섬부들의 노동이 깊게 박혀있는 이런 바위는 샨샤댐의 수몰로 지금은 모두 사라졌다.(사진제공 : 위텐치)

현관은 이런 깎아지른 절벽 곳곳에 위치해 있다.

움푹 패인 바위틈에 올려진 현관
현관은 도저히 사람이 올린 것이라고는 믿기 힘들 정도의 높이에 안치돼 있다.

야인의 무덤, 현관 천길 절벽 위에 올려지다

샨샤의 깎아지른 절벽엔 도저히 인간의 행위라고 볼 수 없는 흔적들이 남아있다. 수백 미터 절벽의 중간 중간에는 죽은 사람의 관들이 올려진 현관(縣官)을 볼 수 있다. 관이 놓여 있는 절벽의 높이로 미뤄 어떻게 올렸을까 하는 의문만을 낳게 한다. 관들은 자연스레 생긴 절벽의 틈 사이에 놓여 있거나 벼랑에 나무 기둥을 박아 넣고 그 위에 관을 올려놓은 것도 있다. 그리고 어떤 것은 천길 절벽 중간에 인위적으로 구멍을 파서 설치하기도 했다.

관은 대부분 나무로 짜서 만들었으며 방부처리를 해서 아주 무겁다. 최근들어 관의 연대측정 결과 최소 2000년에서 길게는 3000년 전으로 거슬러 올라가는 것으로 분석되었다. 오랜 세월이 지났지만 썩지 않고 고스란히 절벽에 그대로 남아 있는 것으로 미뤄 당시의 방부 처리 기술이 얼마나 뛰어난 지를 엿볼 수 있다.

그리고 관에는 많은 유물이 있는데 대부분 순장 풍습을 엿볼 수 있다. 한 관에는 보통 2~3명의 유골이 동시에 나온다. 이것은 죽은 남편을 따라 부인과 종들도 함께 관에 넣는 순장 풍습이다. 망자인 남자의 유골을 제외하고는 다른 유골은 모두 살해의 흔적이라고 볼 수밖에 없는 외상의 흔적들이 고스란히 남아 있기 때문이다. 유골과 함께 많은 순장품들이 나오는데 이 가운데는 중국의 춘추전국시기의 유물을 비롯해 많은 금은보화가 들어 있다고 한다.

특히 양쯔강 상류 지역인 샨샤는 날이 무덥고 습도가 높아 시체가 빨리 썩는다. 따라서 자신의 시체가 오래 가도록 하기 위해 많은 돈을 들여가며 건조하고 짐승이나 도굴자들이 접근하지 못하

잔도 위로 현관을 옮기는 고대 샨샤인들
(그림출처 : 백제성박물관)

는 높은 벼랑에 안장하도록 했을 것으로 보인다. 이로 미뤄 현관은 이 지역의 부자나 세도가들이 누릴 수 있는 사후의 향락이라 할 수 있을 것이다.

현재까지 이들 절벽의 주인은 정확히 알려져 있지는 않지만 이런 풍습은 기원전 1000년 무렵부터 시작돼 명나라 시대부터는 더 이상 볼 수 없게 된다. 이들 관을 절벽에 올리는 일은 여전히 미스테리지만 절벽 위에서 밧줄을 타고 내려와 설치했을 것으로 보고 있다. 이런 풍습은 절벽의 높은 곳에 안장돼 양쯔강의 푸른 물을 봐야만 망자가 평안을 얻을 수 있을 것이라는 염원의 하나로 보인다.

한낱 평범한 인간에 가까웠던 유비를 도와 손권의 '오', 그리고 조조의 '위' 나라와 함께 대등한 형세를 이루면서 '촉한' 의 강성을

현관 집단 안장지
현관들이 이처럼 한 곳에 집중적으로 배치된 곳도 있다. 사진에서 보이는 바위틈에 올려진 현관은 50여 개로 한 부족 왕들의 집단 무덤으로 추정된다.

도모했던 제갈량의 병서도 이 현관에 보관돼 있다고 한다. 자신이 곧 죽게 됨을 안 제갈량은 가장 믿을 만한 사람을 불러 적벽대전 등 무수한 전쟁을 승리로 이끌었던 병서와 보검을 관에 넣어 사람들이 오를 수 없는 벼랑에 숨겨 두도록 했다는 것이다. 이를 두고 세인들은 샨샤에 '병서보검협' 이 있다는 주장도 제기한다. 하지만 이런 얘기는 아직 전설 속에 나오는 이야기에 가깝다.

필자가 샨샤를 선박으로 이동 중에 100m 간격으로 현관들이 하나씩 놓여 있었다. 하지만 대부분 높은 절벽에 놓여있어 가이드가 말해주지 않으면 관찰하기가 사실상 불가능했다.

현관들은 이처럼 하나씩 있는 것이 있는 반면 일부 지역에서는 4, 50개의 현관들이 집단적으로 놓여있기도 했다.

잔도
고대부터 잔도는 중원에서 샨샤로 통하는 거의 유일한 방법이었다. 절벽 중앙에 설치돼 있던 잔도가 샨샤댐으로 물이 불어나면서 수몰 직전에 놓여있다.

절벽을 걷는 사람들

홍문의 연회에서 살아난 유방은 항우의 명에 따라 한중왕(漢中王)으로 임명되어 파촉 땅으로 가게 된다. 하지만 파촉으로 가는 유일한 길이었던 잔도가 워낙 위험해 가는 동안에만 수많은 병사들이 탈영하고 심지어 장수들까지도 도망치는 자가 많았다. 이에 유방은 병사들이 잔도를 다 건너온 뒤 잔도를 불태워 버린다. 잔도를 없애는 것은 병사들의 탈주를 막기 위한 것임과 동시에 자신이 중원으로 나갈 의지가 없음을 보여주기 위한 것이기도 했다. 말하자면 중원과 샨샤의 왕래를 완전히 끊는 확실한 방법이었다. 절벽 위에서 단 수백 명의 군사로도 뱃길을 차단할 수 있는 천혜의 요새가 샨샤의 협곡이기 때문이다.

파촉으로 들어 온 유방은 한신을 만나 잔도 복구를 명했고 명을 받은 한신은 번쾌에게 1만의 군사를 주고 잔도를 3개월 안에 보수하라는 명령을 내린다. 하지만 이것이 한신의 전략이었다. 잔도 복구를 위해서는 1만의 군사가 3개월이 아니라 3년의 시간이 걸려도 보수가 어려웠던 공사였기 때문이다. 이를 전해들은 삼진의 왕들은 코웃음을 치며 마음을 놓은 사이 한신은 진령 산맥을 우회해 단숨에 전략적 요충지인 진창을 점령해 버린다. 이것이 그 유명한 암도진창(暗渡陳倉)이다. 즉 '잔도를 수리하는 것처럼 위장한 채 적을 안심시킨 뒤 보이지 않는 곳에서 진창으로 건너가다' 라는 것으로 '성동격서' 의 계략과 비슷하다. 어쨌거나 번쾌가 속이기 위해 시도했던 잔도 보수 공사는 아직도 복구가 되지 않았다고 한다.

기록상으로 잔도는 진나라 때부터 건설되었다. 이 길을 통해 병

절벽 위에서 바라본 잔도
절벽 아래로 희게 보이는 부분이 양쯔강이다.

사와 전쟁물자들이 오갔다. 촉은 이 잔도를 건설해 중원의 보물을 탐냈지만 결국 이 잔도를 통해 들어온 중원의 군대를 막아내지 못해 망했다.

현관을 옮기는 데도 이 잔도를 이용했을 것으로 보인다. 잔도는 그 엄청난 높이에 따른 위험한 공사여서 한 국가의 대규모 토목 사업으로 분류됐다. 잔도를 만들기 위해서는 엄청난 군사들이 동원될 수밖에 없으며 공사 과정에서 군사들의 희생이 불가피했을 것으로 보인다.

잔도는 섬부들이 배를 끌기 위한 길로도 활용되었다. 물살이 거센 양쯔강을 거슬러 올라가기 위해선 섬부들의 힘이 절대적으로

잔도의 흔적
잔도는 바위에 구멍을 뚫어 나무를 받침대로 한 뒤 그 위에 길을 놓는 방법이 많이 이용됐다. 샨샤 절벽 곳곳에는 나무를 꽂기 위해 구멍을 뚫었던 흔적들이 많이 보인다.

필요하며 이때 섬부들은 절벽 사이에 위험스럽게 나있는 잔도를 걸으며 배를 끌었던 것이다. 절벽 사이로 걷는 것만으로도 위험천만한데 그것도 온 힘을 쏟아야 겨우 끌 수 있는 배와 연결된 줄을 어깨에 메고 잔도를 넘어왔던 것이다.

양쯔강 주변 절벽 곳곳에서 볼 수 있는 잔도는 지금도 이 지역 사람들의 교통로로 많이 사용되고 있다. 샤오샤오샨샤(小小三峽)의 절벽엔 이 잔도의 길이만 무려 300km에 달하기도 한다.

잔도는 크게 절벽의 바위를 깎아서 만든 것과 함께 바위에 구멍을 뚫고 그 사이로 나무를 끼워 나무다리를 놓은 것 두 가지로 나뉜다.

|2부|

충칭에서 샨샤 협곡이 시작되는 지역에는 소수민족인 투자족(土家族)의 집성촌이 몰려 있다. 하지만 투자족은 샨샤댐으로 민족성 자체가 가장 크게 위협받고 있는 소수 민족 가운데 하나가 돼버렸다. 샨샤 협곡의 양쯔강 주변에 산재해 있던 투자족 마을 대부분은 물에 잠겼다. 이들은 난생 처음으로 도시라는 곳에 이주를 해야 했고 이로 인해 자신들만이 가졌던 고유한 문화는 급속도로 사라지고 있었다.

환경난민, 1천만명

수몰을 앞두고 사람들이 대부분 떠난 따창꾸진 거리는 노인들과 아이들만 남아 있다.

② 제2의 만리장성 샨샤댐

● 황톳물의 양쯔강 1만㎢의 호수가 되다

쑨원에서 리펑까지 80년

샨샤댐은 샨샤 협곡의 중앙 부분인 우샤와 시링샤 중간 부근인 삼두평에 들어섰다. 그 규모는 가히 세계 최대로 댐 길이만 2309m며 댐 높이는 산샤 협곡의 절벽을 위협할 정도인 185m에 달한다.

샨샤댐의 첫 번째 목표는 양쯔강의 홍수조절이다. 세계 3대 하천인 양쯔강의 홍수는 기원전 185년부터 지난 1911년까지 2100여년 동안 모두 214차례나 기록돼 있다. 평균 10년에 한 번꼴인 셈이다. 하지만 지난 1931년과 1935년 대홍수 때는 사망자만 각각 14만명을 넘어섰다. 그리고 지난 1998년 대홍수 때도 사망자 1526명 이재민 231만 명이 발생하기도 했다. 이 때문에 양쯔강을 중심으로 한 중국 역대 왕조의 흥망의 열쇠는 양쯔강의 홍수 조절에 몰릴 수밖에 없었다.

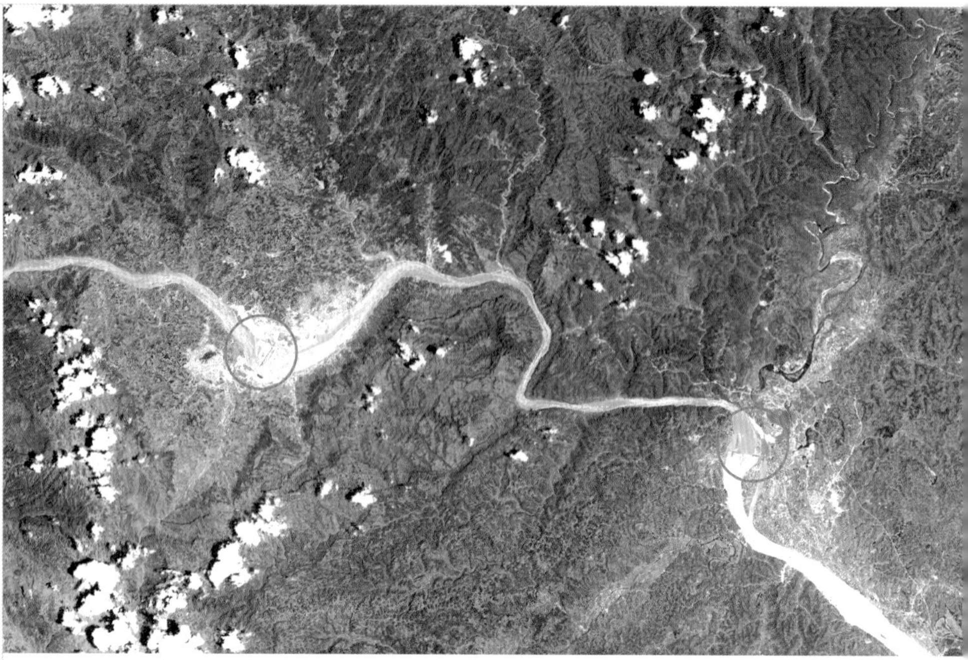

위성에서 바라본 샨샤댐 주변 양쯔강
샨샤댐에 갇힌 양쯔강 물이 흙탕물 색을 하고 있다. 하류인 오른쪽이 거저우(葛州)댐이고 상류인 왼쪽이 샨샤댐이다. (사진출처 : 미항공우주국)

4천 년 전 요순(堯舜)시대 이래 중국에서는 '치국선치수(治國善治水), 즉 나라를 다스리려면 먼저 물을 다스려야한다' 라는 말이 있다. 이런 와중에 신해혁명의 주역이자 중국의 아버지라 불리는 쑨원(孫文)이 지난 1919년 양쯔강을 막는 댐공사의 아이디어를 처음으로 제안했다.

당시 국민당 정부는 30년대 들어 샨샤댐 현지에 조사단을 파견해 타당성 작업을 진행하기도했다. 하지만 국민당의 퇴각으로 서랍 속에 묻혀 있던 댐건설 계획은 지난 1954년 3만 명이 사망하고 2천만 명에 달하는 이재민을 낳은 양쯔강 대홍수로 마오쩌둥(毛澤

東)에 의해 다시 제기됐다. 마오쩌둥은 지난 1956년 양쯔강을 직접 둘러본 뒤 거대한 댐건설에 힘을 실었다. 당시 마오쩌둥은 '신중히 검토하라' 는 지시를 내렸지만 시찰 중 지은 시는 샨샤댐 건설의 필요성을 직접 강조했다. 필자는 샨샤댐으로 이미 수몰된 완조우(万州) 시의 한 박물관에서 당시 마오의 시가 1면에 실린 인민일보에서 이를 확인할 수 있었다.

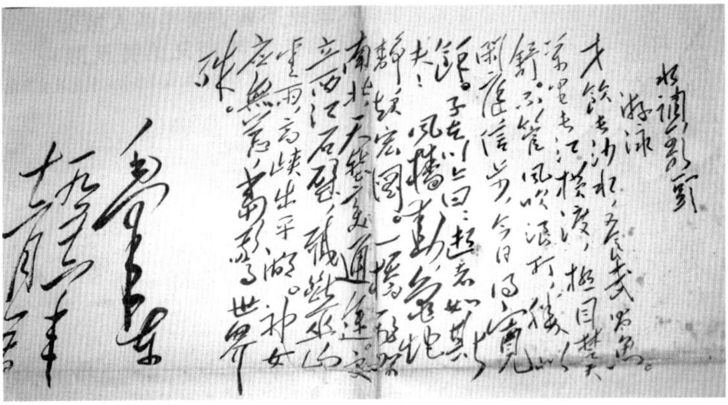

인민일보에 실린 마오의 시

1966년 여름 마오쩌둥은 샨샤를 방문한 자리에서 샨샤댐 건설 의지를 담은 시를 남겼다.

"장사 우물물을 마시고 무창어를 먹었다.
만리 양쯔강을 헤엄치며 하늘을 보니 초나라의 하늘이 참으로 넓구나.
거센 바람에도 파도가 높아져도 내 몸은 정원을 산책하듯 가볍다.
공자는 이 강변에서 세월이 강물처럼 흐른다고 했던가.
돛대가 흔들려도 고요한 산처럼 나의 마음속에는 큰 무엇이 꿈틀거린다.
양쯔강 물을 잘라 남북을 연결하고 인민들이 자유롭게 건널 수 있게 하리라.
댐은 비와 눈구름을 막고 샨샤를 호수로 만들 것이리라.
샨샤의 신녀는 말이 없어도 세상은 경천동지할 것이다."

샨샤댐 마지막 물막이 공사 (2003년 6월 1일)
이 공사 모습은 CCTV를 통해 중국 전역에 생방송 됐다. 이 날 마이크를 쥐었던 CCTV 기자는 "샨샤댐은 수대에 걸쳐 분투한 중화민족의 성과가 농축된 것이다. 부흥하는 민족의 미래를 증명한다."라며 흥분한 목소리로 전했다. (사진출처 : 중국 CCTV 화면)

이후 1958년에는 저우언라이(周恩來)가 그리고 지난 1980년에는 덩샤오핑(鄧小平)이 현지 시찰을 다녀가면서 정치적인 분위기는 댐건설로 굳어지는 모양새를 갖췄다.

이런 가운데 10년간의 공사 끝에 지난 1981년 1월에는 일명 '샨샤댐의 연습용 댐' 인 거저우(葛洲)댐이 완공돼 양쯔강을 막는 중국의 댐 건설의지를 다시 드러냈다. 하지만 자금력 부족과 정치적 불안정은 댐건설의 추진력을 떨어뜨렸다. 이런 상황에서 댐 계획이 다시 거론된 것은 지난 1986년 후야오방(胡耀邦) 당시 총서기에 의해서다. 중국 정부는 댐건설을 위해 2년 동안 지질학적, 경제학적 타당성 작업에 들어갔지만 생태계 파괴와 주변인구의 위

1 중국의 아버지로 불리는 쑨원, 그는 샨샤댐 건설을 처음으로 제안했다. (사진출처 : 샨샤박물관)
2 양쯔강 배 위에서 샨샤댐 건설에 대한 검토를 지시하는 마오쩌둥
3 샨샤를 찾은 덩샤오핑
4 샨샤를 찾은 저우언라이, 샨샤댐이 들어설 지역을 순시하고 있다.
5 샨샤를 찾은 장쩌민

샨샤 주변 농가를 방문중인 리펑 (사진출처 : 샨샤박물관)

험론 그리고 역사 유적 파괴에 대한 반대 여론이 거세 일단 유보하기로 했다. 하지만 샨샤댐 건설에 많은 관심을 보여 왔던 최고 실력자인 덩샤오핑의 막후 도움과 러시아에서 토목으로 학위를 받은 리펑(李鵬) 총리의 적극적인 정치력으로 드디어 지난 1992년 전국인민대의원대회의 승인을 받아 1993년 12월 전격 공사에 들어간다.

결국 샨샤댐은 80여 년에 걸친 논란 끝에 덩샤오핑의 막후 지원을 받은 리펑 총리의 작품이 된 것이다. 이 때문에 중국 언론은 샨샤댐을 가리켜 '리펑공정(工程)'이라고도 부른다.

수의 논리가 낳은 최대 토목 공사

대부분의 일에는 그 필요성이 요구되지만 여러 요인들로 인해 다 실행으로 옮겨지는 것은 아니다. 하지만 샤샤댐은 여러 반대 요인들을 정치적인 힘으로 넘어서면서 실행됐다.

중국 정부 차원에서 샤샤댐 건설을 위한 구체적인 계획안이 수립된 1980년대 중반부터 중국 사회는 치열한 논쟁이 벌어졌다. 댐 건설 능력에 대한 회의적인 시각이 많았기 때문이다. 그리고 샤샤댐이 가져올 수많은 재앙을 우려한 지식인들과 전문가들의 반대가 거셌다.

여기서 잠깐 지난 1992년 4월 3일에 개최된 '중화인민공화국 제7차 전국인민대표대회장' 으로 가보자. 이 날의 주요 안건은 샤샤댐 건설계획안을 대의원들에게 투표로 물어보는 것이었다. 투표 참가자는 모두 2608명, 이 가운데 1767명이 찬성표를 던져 샤샤댐 건설안은 통과됐다. 샤샤댐 건설이 계획되고 유보되고 보류되

1992년 4월 3일 개최된
제7차 전국인민대의원대회장
(자료 : 중국양쯔강샤샤공정
개발총공사)

샨샤댐 착공식 (1993년 12월)

고 그리고 또다시 계획이 반복된 지 80여 년 만에 건설을 실행에 옮길 수 있는 정치적인 힘이 실린 것이다. 하지만 당초 압도적인 지지로 통과될 것이라던 표의 향배는 중국 전인대 사상 초유의 반대표가 나왔다. 이 날 투표에서 총 투표권자 가운데 841명이 반대하거나 기권했던 것이다. 정치적인 의사결정이 비교적 자유롭지 못한 중국 국가 체제의 특성에서 33%의 반대표가 나온 것이다. 이 수치는 중국 전인대 역사상 가장 많은 반대표가 나온 투표 결과였다.

이 반대표가 가지는 또 다른 의미는 이들이 주로 전문가 그룹에 속한다는 것이다. 전인대 참석자 대부분이 지역과 각계각층을 대변하는 역할이기 때문에 댐 건설과 이로 인한 피해에 대해서는 전문적인 지식을 가지기가 어렵다. 당시 전인대 대표로 회의에 참가해 반대표를 던졌던 레이헝순 충칭대 명예교수는 필자와의 인터뷰에서 "많은 전문가들이 회의에서 반대 의견을 냈지만 전혀 받아

레이헝순 충칭대 명예교수
"샨샤댐 건설에 대한 많은 반대 논의가 있었지만 투표 과정에서조차 이 자료들이 공개되지 않았다" 고 밝혔다.

들여지지 않았고 그때 제출했던 많은 자료들조차 전혀 공개되지 않았다" 라고 말했다.

어쨌든 중국 정부는 샨샤댐 건설 과정을 두고 가장 민주적이며 과학적인 방법으로 결정됐다고 밝혔다. 하지만 샨샤댐은 가장 비민주적이고 비과학적인 중국 정부의 정치공정이라는 지적이 많다. 〈국제강네크워크와 국제감시〉는 샨샤댐을 두고 '스탈린주의의 산물' 이라는 논평까지 내놨다.

1989년, 장쩌민(江澤民)은 집권을 시작하면서 가장 먼저 방문한 외부 시찰지를 샨샤 지역으로 잡았다. 이것은 천안문 사태의 핵심인물이자 샨샤댐을 주도한 리펑 총리와 같은 노선을 지향한다는 의지의 표명이었다. 그와 동시에 중국에서는 그동안 신문 등의 대중매체를 통한 샨샤댐 반대의 글들이 모두 사라졌다. 대신 찬성의 글들이 쏟아지기 시작했다. 정부가 반대에 대한 모든 것을 통제했기 때문이었다. 그리고 논의의 과정도 민주적이지 않았다. 황하

의 싼먼샤(三門峽)댐을 반대하면서 마오쩌둥에게 우파로 몰렸던 중국 칭화(淸華)대학 수리전문가 황만리 교수의 경우는 샨샤댐 결정 과정의 비민주성으로 상징되는 대표적인 사례다. 지난 1957년 싼먼샤댐이 건설될 경우 토사로 댐이 무용지물이 된다며 반대했지만 결국 댐은 들어섰고 불과 수년 후 싼먼샤댐은 실패한 댐이 됐다. 그리고 이번에는 샨샤(三峽)댐도 싼먼샤댐의 전철을 밟을 것이라는 주장을 제기했다.

황 교수는 412명으로 구성된 샨샤댐 논증위원회에 시종 샨샤댐이 직면할 위험성을 지적하며 댐 건설 반대를 주장했다. 하지만 그의 주장은 먹혀들지 않았고 샨샤댐이 직면할 명확한 문제점에 대한 자신의 입장을 표명할 마지막 30분의 시간을 요청했다. 하지만 그는 마지막까지 발언의 기회를 갖지 못했다. 그리고 샨샤댐 건설이 전인대회를 통과한 직후 리펑 총리는 논쟁의 끝을 선언했다.

다시는 볼 수 없는 샨샤의 바위
오랜 세월 양쯔강의 거센 물살이 다듬은 샨샤의 기암괴석들의 모습이 이채롭다. 하지만 더 이상 이런 바위들은 사진으로밖에 만날 수가 없게 됐다.(사진제공 : 위텐치)

세계 최대 규모의 샨샤댐이 들어서면서 삶의 터전을 잃고 이주해야 하는 이민자들도 세계 최대를 기록했다.

샨샤댐, 세계 최대만 100가지

샨샤댐은 중국인들에게 만리장성 이후 세계 최대를 고집하는 중화사상의 핵심이 되고 있다. 중국 정부는 지난 1993년 샨샤댐 착공 당시부터 댐 역사상 세계 최고만을 고집스럽게 내세웠다.

샨샤댐의 크기를 보자. 댐의 전체 길이는 2309m에 달한다. 최고 높이는 185m까지 올라간다. 댐 건설을 위해 파낸 바위와 흙의 무게는 1억 200만 톤에 달하며 투입된 콘크리트양만 2715만 톤에 이른다. 공사기간은 17년(1993~2009), 모두 4단계로 나눠 시행되는데 1, 2단계에 투입된 인부만 4만 7천 명, 전 공정에 걸쳐 11만 명이 넘는 인원이 투입됐다.

설계 당시에서 완공을 앞둔 시점 사이의 공사비의 상승 폭 또한

샨샤댐 위성사진
샨샤댐이 물가두기를 시작한 2003년 위성사진, 댐 위쪽은 서서히 수몰되면서 호수로 변해간다. (사진출처 : 중국 양쯔강유역수자원보호국)

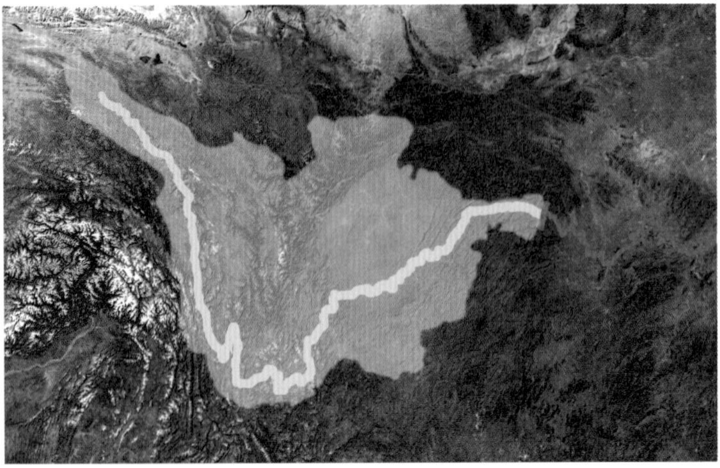

샨샤댐으로 흘러드는 양쯔강 수계를 표시한 그래픽
양쯔강 수계의 면적을 더하면 한반도의 두 배에 이른다.

샨샤댐에 갇히는 물의 양은 393억 톤에 달한다. (그래픽 : 경성대 디지털대학원)

샨샤댐 갑문을 지나 상류로 올라가는 컨테이너 화물선
샨샤댐은 최대 1만 톤급 대형 화물선을 내륙의 충칭까지 오갈 수 있도록 만든다.

최대 규모다. 지난 1986년 45억 달러 수준이던 추정 건설비는 지난 1993년 착공시에는 108억 달러로 두 배 이상 늘어났다. 그리고 공사가 시작된 이후 10년 만에 210억 달러로 또 두 배가량 늘었다.

여기에 갇히는 물의 양은 393억 톤에 달한다. 이 양은 한국 소양강댐의 15배에 달하며 일본 전체 담수량을 다 합친 것과 맞먹는다. 이로 인해 1만km^2의 호수가 생겨난다. 그리고 이 호수를 시작으로 댐으로 흘러드는 수계의 면적은 한반도 면적의 두 배에 달한다. 이렇게 갇힌 물은 곧 전기 생산으로 이어지는데 발전량만 18200MW에 달하며 이는 중국 전체 발전량의 11%로 한국 전체 발전량 수준이다. 내륙으로 2500km를 파고들어 간 지역에 1만 톤급의 선박 운항이 가능해진다.

평두 시
도시전체가 수몰되면서 평두 시는 강 건너 고지대로 신도시를 건설해 이주해 갔다. 샨샤댐 설계 당시에는 70만 명의 이주민이 생길 것으로 전망했다. 하지만 그 숫자는 113만 명으로 그리고 또다시 150만여 명으로 늘어났다.

샨샤댐은 이미 부분적으로 관광객들에게 개방돼 있다. 대형 버스를 통해 샨샤댐 이곳저곳을 안내해주는 안내 버스를 타고 있노라면 가이드는 댐 규모의 자랑에 열을 올린다. 10여 분의 짧은 시간에만도 샨샤댐은 이미 세계 최대, 최고 기록만 100여 가지를 훌쩍 넘는 이야기를 들을 수 있다. 여기에다 댐이 가져다 줄 풍요를 이야기하다 보면 안내는 설명이 아니고 금세 자랑으로 변해 버린다. 그리고 이렇게 말하는 가이드 얼굴에선 댐에 대한 자부심도 한껏 느낄 수 있었다.

세계 최대를 자랑하는 샨샤댐은 하지만 그 부작용 역시 세계 최

이주민
수몰을 앞둔 고향을 버리고 중국 정부가 지정해준 도시로 이주해 가는 사람들.

대라고 할 수 있다. 수몰로 이주를 해야 하는 인구는 공식적으로 113만 명에 달하며 수몰이 진행되면서 130만 명으로 늘었다. 가히 인구의 대이동이라 할 만하다. 수몰 지역만 19개 구와 현, 시가 포함되며 크고 작은 마을 1711개가 물에 잠겼다. 그리고 짧은 시간 안에 가장 넓은 지역에 분포한 문화재가 동시에 수장됐다. 선사시대부터 시작해 삼국지의 유적지 1200여 곳 가운데 10% 정도만 발굴이 완료됐다는 게 발굴에 참여했던 전문가들의 전언이다. 이 외에도 수몰로 인한 생태계 파괴와 한 해 수십억 톤에 달하는 오・폐수와 쓰레기 유입도 세계 최대 규모의 댐이 가져온 부작용 가운데 하나가 되고 있다.

3개월 뒤인 2005년 11월의 잔도
한 달 뒤 이 잔교는 완전 수몰되어
다시는 모습을 볼 수 없게 됐다.

2005년 8월의 잔도
절벽의 낭떠러지에 위치해 있던 잔도는 상승한
수위로 곧 수몰될 위기에 처해 있다.

● 샨샤의 수몰

언덕이 된 샨샤의 절벽

샨샤 협곡을 지나다 보면 만나게 되는 거대한 절벽과 봉우리들은 대부분 해발 2000m가 넘는 험준한 준봉들이다. 샨샤댐이 들어서기 전 양쯔강의 물 높이는 홍수기를 제외하곤 50m를 넘지 않았다. 하지만 샨샤댐은 갈수기 때도 145m를 유지하며 만수위가 되면 최대 175m 까지 차오른다. 아무리 높은 준봉이라도 150m가량의 절벽이 물 속에 잠겨 버리는 것이다. 이런 현상은 댐에 갇힌 물이 역류해 올라가는 충칭까지 상류 700km에 달한다.

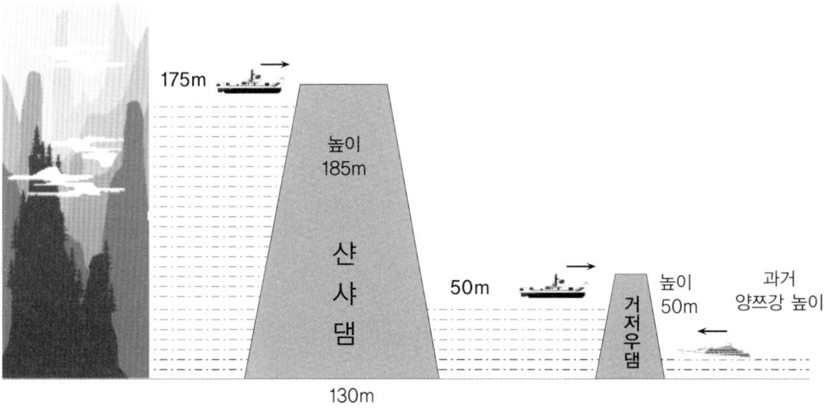

관광객에게 노래를 불러주는 짐꾼
산을 오가던 사람들의 짐을 날라 주었던 짐꾼은 계곡이 호수로 변하자 일거리가 사라졌다.

2003년 8월 필자가 처음 찾은 샤샤의 협곡엔 벌써 130m의 수위 표시가 물에 잠기기를 기다리고 있었다. 그 높이만도 한 번도 사람의 손을 타지 않았던 샤샤 절벽의 동굴이며 잔도의 높이까지 육박하고 있었다. 그리고 이로부터 불과 석 달 뒤인 2003년 11월에는 145m의 붉은 글자의 수위 표시까지 물이 차올랐다. 이미 잔도 일부는 물 속에 잠기기 시작했다.

물이 차오르는 속도도 눈으로 보일 정도로 뚜렷했다. 꼭 지렁이 기어가는 속도 마냥 조금씩 조금씩 찰랑거리며 끊임없이 차올랐다. 그리고 이 느린 걸음에 한 번 수몰(水沒)되면 웅장했던 절벽의 풍광은 물로 평평해지면서 지극히 단순화되어 버린다. 절벽이 잠겨가면서 그곳에서 자라고 있는 나무가 잠겨간다. 그리고 이름 모를 풀들이 사라지고 절벽은 점차 그 높이가 줄어만 간다.

하지만 이것이 끝이 아니었다. 145m의 높이에서 또다시 한참을 위로 쳐다보면 175m라는 붉은 글씨의 간판이 버티고 서있다. 최종 수위는 175m까지 차오른다. 평균 수심 10m 내외였던 양쯔강 물은 무려 60층 높이의 깊은 호수로 변한 것이다. 이로서 샨샤의 절벽은 더 이상 절벽이 아니라 거대한 호수의 제방으로 그 역할이 바뀌었다.

깊은 산 중턱에 설치된 수위 표시
붉은 글씨의 175m까지 물은 차오른다.

수몰 전의 완조우 시 모습
도심지 대부분은 이처럼 평지에 위치해 있었다. (사진출처 : 완조우 마오쩌둥박물관)

완조우 시 앞에 설치되는 거대한 제방공사 현장
저지대에 있던 주거단지는 모두 철거되고 그 자리엔 100여m 높이의 제방공사가 한창이다. 그리고 그 뒤로 새로운 도시가 들어섰다.

수몰을 피해 이주한 충칭도 곧 수몰 위기

농경지와 아파트가 있던 농지와 도심지엔 샨샤댐이 생기면서 조선소가 들어섰다. 수백 톤에서 일부는 수천 톤가량의 선박을 건조하는 규모의 조선소도 심심찮게 보인다. 샨샤 협곡이 시작되는 백제성 부근의 펑지(奉節)는 관광 도시에서 조선소로 변한 대표적인 곳이다.

한때 펑지는 샨샤의 취탕샤와 백제성을 보기 위해 온 관광객들로 북적였던 곳이다. 이 때문에 도시는 양쯔강을 오가는 유람선들이 하루를 묵기 위해 정박하면서 여관이며 호텔은 붐볐고 관광객들에게 물건을 팔기 위한 호객행위로 부산했다. 하지만 펑지엔 더 이상 이런 모습은 찾아볼 수 없고 대신 거대한 조선소의 굉음만 도심지에 울려 퍼지고 있다.

펑지보다 상류 지역인 완조우(万州)는 샨샤 주변 지역에서 충칭(重慶) 다음으로 인구가 많은 대도시로 200만 명을 수용하고 있다. 하지만 완조우 시는 도심 면적의 절반 이상이 샨샤댐으로 수몰됐다. 양쯔강 주변에 몰려 있던 아파트며 주택은 모두 수장됐다. 여기에 이주해야 하는 인구만도 40만 명을 넘어 섰다. 이를 수용하기 위해 완조우 시는 아예 도시 자체를 고지대로 옮겼다. 완조우의 고지대에는 이로 인해 거대한 신시가지가 모두 5단계로 나뉘어져 산중턱과 정상 부근에 들어섰다.

샨샤댐이 들어서면서 가장 많은 변화를 겪고 있는 곳은 중국 4대 직할시 가운데 하나인 충칭이다. 충칭은 청두(成都)와 함께 중원 문화의 발상지로 꼽힌다. 지난 1997년 쓰촨성에서 분리된 이후 그동안 청두와 함께 서부의 1, 2대 도시를 겨뤘지만 샨샤댐이 들어서면서 충칭은 확고한 1대 도시로 자리매김했다.

샨샤댐 수몰을 피해 이주해야 하는 전체 이주민들의 2/3가량은 바로 이 충칭으로 옮겨 갔다. 이로 인해 도심 외곽에는 이주민들을 수용하기 위한 대규모 아파트 단지가 들어섰다. 샨샤댐과 충칭까지는 700km의 먼 거리지만 역류한 물은 충칭까지 밀어 닥치면서 거대한 호수를 만들었다. 이 호수의 깊고 넓은 양쯔강을 이용해 1만 톤급의 선박 운항이 가능해지면서 내륙 최대의 공업도시이자 소비도시로 변모하고 있다. 그리고 그 상징적인 곳이 바로 조천문(朝天門)이다.

양쯔강과 자링강이 합쳐지는 곳에 위치해 있는 조천문은 충칭의 수상교통로의 심장부에 해당하는 내륙의 가장 큰 항구다. 경제규모가 늘면서 사람들도 늘어났다. 충칭의 짱베이 국제공항은 이미 연간 이용객 550만 명 규모의 확장 공사를 마무리했으며 2010년까지 연인원 1000만 명으로 확장한다. 하지만 충칭의 팽창은 도시 기반 시설이 제대로 갖춰지지 않은 상태에서 진행되면서 감당하기 힘든 많은 문제들을 고스란히 안고 있다.

정작 충칭을 포함한 이들 도시의 큰 문제는 '물은 높은 곳에서 아래로 흐른다' 는 단순한 진리를 외면하고 있기 때문에 빚어지는 상식 밖의 수몰에 있다. 지난 1992년 마오쩌둥의 비서였던 리루이는 샨샤댐 건설에 대해 '중국 정부는 충칭 시의 사후를 대비해야 한다' 는 편지를 썼다. 그 내용을 간추려 보면 이렇다. "충칭의 가장 높은 지대는 해발 200m다. 충칭의 철도는 해발 196m에 위치해 있다. 샨샤댐 저수지는 해발 175m까지 차오른다. 이럴 경우 충칭

충칭 조천문 앞

샨샤댐으로 역류한 양쯔강 물은 강 옆의 백사장을 없애버렸다. 2005년 8월, 충칭 조천문 앞은 이제 거대한 호수로 변해 있다.

충칭 중앙인민광장

샨샤댐이 들어서면서 충칭은 스카이라인이 갈수록 높아지고 인구 유입도 크게 늘어나 1000만 명을 넘어 섰다.

의 물 높이는 217m를 초과할 것이다. 이는 충칭을 거쳐 가는 모든 철도 노선과 고속도로 기초산업이 모두 수몰된다는 것이다." 말하자면 샨샤댐으로 수몰되는 최고 수위는 175m에 이르지만 물은 끊임없이 위에서 아래로 흘러온다. 샨샤댐 상류로부터 660km에 달하는 충칭은 지속적으로 상류로부터 물이 흘러들면서 175m의 수위를 초과할 수밖에 없는 것이다.

고립된 백제성
백제성은 취탕샤가 시작되는 입구에 자리 잡은 천혜의 요새다. 샨샤댐 물막이 공사 이후 백제성은 섬처럼 고립됐다.

평두 현에 위치한 귀신성
산 위에 있는 커다란 조형물은 염라대왕을 형상화한 것이다. 귀신성은 산 전체가 중요문화재로 지정돼 있다.

섬이 된 백제성, 귀신성

샨샤 협곡에서 가장 큰 문화 유적은 백제성(白帝城)과 귀신성(鬼神城)이다.

백제성은 샨샤 협곡의 시작을 알리는 취탕샤 입구에 위치한 천혜의 자연 요새다. 중원과 사천으로 오가는 유일한 교통로로 전략적 요충지였기 때문에 백제성은 삼국지의 무대에서부터 2차 대전까지 군사적으로 중요한 위치였다. 태평양 전쟁 때는 충칭으로 들어오는 일본군을 맞아 백제성에 포대를 설치해 막기도 했는데 그 흔적은 지금도 남아 있다. 높은 산 하나를 둘러싼 백제성에 들어가기 위해서는 800개의 계단을 올라가야 할 정도로 가파르다. 성은 산 정상을 원으로 빙 둘러 싸고 있다.

하지만 샨샤댐의 물이 차오르면서 백제성은 사방이 물로 둘러쌓인 섬으로 변했다. 성이 만들어지고 그 오랜 세월 동안 단 한 번도 점령당해 본 적이 없는 백제성은 하지만 차오르는 물에는 더 이상 버티지 못할 처지가 됐다. 더 이상 천혜의 요새가 아니라 양쯔강 물에 포위된 고립무원의 섬이 된 것이다. 중국 문화재 당국은 백제성 자체를 옮길 수가 없어 백제성을 오가기 위해 길이 300m의 긴 교량을 만들기로 했다.

백제성과 함께 산 전체가 중요 문화재로 지정된 또 하나는 펑두(豊都) 시에 위치한 귀신성이다. 동주(東周) 때부터 있었던 고성인 귀신성은 음장생(陰長生)과 왕방평(王方平)이라는 사람이 이곳에서 도를 깨우쳤는데 이 두 사람의 성씨인 음(陰)과 왕(王)을 일컫는 말이 지옥의 왕으로 해석돼 귀신성이 됐다고 한다. 산 전체가 거대

귀신성 앞 제방

중국 정부는 샤샤댐으로 수몰 위기에 놓인 귀신성 앞에 100여m 높이의 제방을 쌓고 있다. 제방 위 사람의 크기로 미뤄 제방 높이를 실감할 수 있다. 물이 차오르더라도 귀신성은 수몰로부터 안전하게 지켜낸다는 게 중국 문화재 당국의 자랑거리로 통하고 있다. 하지만 귀신성 앞 평두 시는 수몰로 모두 사라졌다.

한 염라대왕 형상으로 만들어져 있어 보는 이들을 압도한다. 샤샤댐 수몰이 진행되면서 이곳 귀신성이 있는 산 전체가 수몰 예정지로 되자 중국 정부는 귀신성 앞에 거대한 제방을 만들어 수몰을 막았다. 제방을 쌓아 문화재를 수몰로부터 보호한 것이다. 하지만 귀신성 앞에 살고 있던 평두 시민 5만 명은 도시 전체가 수몰돼 강 건너 고지대로 옮겨 갔다.

이 때문에 지난 2005년 8월 필자가 방문했을 때 평두 시는 대부분 철거를 완료한 상태였다. 이를 두고 지역 주민들은 그 무서웠던 귀신성은 관광객들을 끌어들여 돈이라도 벌게 해줬지만 삭막하게 수몰만을 기다리는 빈 도시는 차라리 공포스럽다는 말을 전했다.

철거가 진행되면서 텅 비어 있는 평두 시
평두 시민들은 귀신성보다 사람들이 떠난 평두 시의 모습이 더 무섭다는 말을 한다.

철거에 동원된 주민들
철거에 동원된 이들은 대부분 평두 시민들로 자신이 살던 집을 스스로 철거한다. 철거과정에서 벽돌을 주워 새집을 짓는 데 사용하기 위해 철거에 나선다.

따창꾸진
마을 형성만 2000년가량 된 따창꾸진은 500년 이상 된 고택들도 즐비하다.

구름 위의 마을, 따창꾸진의 문화재 이송작전

우샤(巫山)에서 샤오샨샤(小三峽)를 통해 3시간여 배를 타고 상류로 올라가면 명·청시대의 명진(名鎭)이라 불리는 마을인 따창꾸진(大昌古鎭)이 나타난다. 이름처럼 옛날 성이 있던 마을인 이곳은 역사가 1700년 전으로 거슬러 올라간다. 보존 상태가 중국에서 몇 손가락 안에 들 정도로 양호해 마을 자체가 국가 중요 문화재로 지정된 곳이다.

마을은 동서남북으로 각각 성문이 있으며 이를 통해서만 마을로 들어설 수 있다. 성문 안에는 500여 가구가 형성돼 있으며 많을 때는 2만여 명의 인구를 기록하기도 했다고 한다. 마을 입구를 들어서면 시간을 거슬러 온 듯한 착각에 빠져 버린다. 골목길이면서 시원스럽게 뻗어있는 마을길을 보노라면 마을 전체가 세심한 설계로 만들어졌음을 알 수 있다. 그리고 그 주변으로는 족히 수백 년은 넘은 고택들이 줄지어 서있다. 길게는 500년을 버텨 온 집들도 상당수 포함돼 있다. 처마와 기둥의 모양새가 우리네 한옥과 유사한 듯 하지만 전체적인 느낌은 좀 색다르다. 반듯한 바둑판 모양으로 정비된 마을의 골목길마다 배수로가 잘 정비돼 있다. 배수로는 마을이 생성되면서부터 만들어졌다고 한다. 위생 개념이 오히려 지금보다 낫다는 느낌을 지울 수가 없었다.

하지만 지난 2006년 여름을 기점으로 따창꾸진은 물 속으로 사라졌다. 샨샤댐에서 역류한 양쯔강 물이 따창꾸진의 마지막 성문

멀리서 본 따창꾸진

따창꾸진 앞으로는 원래 계곡물이 흘렀지만 지금은 호수가 돼 잠겨간다.

철거를 표시하는 글자
철거대상 건물 표시인 이 글자는 따창꾸진 모든 집에 찍혀있다.

까지 삼켰다. 필자가 따창꾸진을 처음으로 다녀간 때는 지난 2005년 8월. 마을 앞에는 아직 깊은 산에서 오는 맑은 물이 흘러내려가고 있었다. 하지만 불과 석 달 뒤인 11월, 다시 찾았을 때는 역류한 물은 마을 앞까지 차올라 있었다. 깊은 계곡 속에서 흐르는 물만을 봐왔던 사람들은 처음으로 호수를 본 것이다. 그리고 고택들의 대문마다 '부수다'는 뜻의 철(撤)자가 붉은 글씨로 새겨져 있었다.

중요 문화재를 수장시킬 수가 없어서 중국 정부는 이 마을 전체를 고지대로 옮겼다. 동서남북의 성벽은 물론 성내에 있는 모든 집들을 있는 그대로 고스란히 옮긴다는 게 문화재 당국의 계획이었으며 그렇게 실행되었다.

필자는 중국 정부의 문화재 이송작전을 직접 목격했다. 독특한 건축양식으로 돌과 흙 나무만으로 수백 년을 견뎌왔던 고택들을 허물고 옮기고 그리고 새로 짓는 데 문화재 전문가는 없었다. 시골집을 짓는 것보다 더 허술한 작업들이 진행되고 있었다. 문화재 이송작전에 동원된 것은 경운기와 공사장에서 흙을 옮기던 지게가 전부였다. 이 과정에서 유적과 유물로서 가치를 지닌 상당한 문화재들이 깨지고 부서져 사라졌다.

기와장 운반
따창꾸진이 옮겨갈 곳으로 기와장을 이송 중인 모습, 하지만 문화재 이송은 일반 집짓기보다 더 허술해 이송 도중 상당수는 파손되어 사라졌다.

수몰을 앞두고 대부분 떠난 거리는 노인들과 아이들만 남아있다.

손녀를 지고 가는 수몰지역 노파, 그래도 외지인인 필자에게 미소를 보내고 있다.

3 대륙으로 확산되는 환경난민

● 대륙으로 확산되는 환경난민

달아날 곳 없는 도망자, 환경난민

환경난민(環境難民)은 환경이 파괴되면서 생활기반을 잃은 사람들을 지칭하는 용어로 지난 1980년대 들면서 사용하기 시작했다. 이들의 생활기반을 파괴한 환경 재앙의 종류도 지난 1988년 방글라데시 대홍수 등 자연재해부터 1986년 체르노빌 원자력발전소 폭발사고 등 인위적 요인까지 다양하다. 특히 지구온난화에 따른 환경 변화와 자연 재해의 피해자가 급증하면서 '환경난민에 대한 국제적 지원을 체계화해야한다' 는 주장이 제기되고 있다. 유엔산하 환경안전연구소(UNU-EHS)는 지난 2005년 발표한 보고서에서 2010년에는 지구환경 악화로 인한 피해자가 5000만 명까지 늘어날 것으로 예상했다. 그리고 국제적십자사도 '환경재앙으로 고통받는 사람들의 숫자가 전쟁에 의한 피해자보다 많다' 고 밝혔다.

러시아 캄차카 반도의 카림스키 화산
화산폭발 등 자연재해도 환경난민을 발생시키는 한 요인이다.

아마존에서 대규모로 벌목된 나무들
이로 인해 지구의 온난화를 부채질하는 연쇄작용을 일으키며 또 다른 환경재난을 불러일으킬 수도 있다.(사진제공 : 윤혜림)

벌목으로 초원이 된 몽골의 산림지대
산림을 벌목하면서 물 저장량이 줄어들고 이로 인해 강수량마저 줄어들면서 산림은 초원으로, 사막으로 바뀐다. 대규모 벌목으로 인한 사막화는 환경난민을 낳고 있다.

기후변화에 의한 피해는 지진이나 산불, 해일 등 자연재해보다 심각하다.

아프리카 대륙의 사하라 이남 지역과 인도 중국 등 아시아 지역은 급속히 사막화가 진행되면서 많은 사람들이 대대로 살아왔던 터전을 버리고 유랑자로 전락하고 있다. 갈수록 심각해지는 환경난민 문제는 한 국가 내에서 더 이상 처리가 불가능해지면서 조만간 국가간 분쟁을 유발할 수도 있는 국제적인 이슈로 발전할 것이라는 게 전문가들의 견해다.

하지만 환경난민은 아직 정확히 난민의 지위가 주어지지 않는다. 말하자면 받아 줄 곳이 없다는 말이며 결국 갈 곳이 없는 사람

남태평양 팔라우

지구온난화로 인한 바다수온 상승의 영향을 받고 있는 태평양의 섬나라들은 생존 자체를 위협받고 있다.

들인 것이다. 그리고 중국은 환경난민의 문제에서 단연 최고 난민 보유국으로 떠오르고 있다.

여기서 중국판 '미스터 쓴소리'로 통하는 중국 환경보호총국 판웨 부국장의 인터뷰 내용을 정리해 보자. 지난 2004년 뉴욕 타임스와 BBC와의 회견에서 판웨 부국장은 13억 인구 가운데 4분의 1이 위생 처리된 식수를 공급받지 못하고 있다고 사실상 폭로성 발언을 했다. 그리고 다음해인 지난 2005년 독일 슈피겔지와의 회견에서는 "중국은 환경오염으로 인해 환경난민이 1억 5천만 명이다"라고 밝혔다. 정치뿐 아니라 환경 문제도 정치적으로 해석되는 중국의 특성상 판웨 부국장의 발언은 환경난민에 대한 대륙의 고민이 얼마나 심각하게 진행되는지를 엿볼 수 있다.

이민자 2백만 명, 환경난민 1천만 명

샨샤댐은 단일 건설 공사 가운데 가장 많은 환경난민자를 낳았다는 게 전문가들의 견해다. 먼저 수몰로 이민한 직접적인 이민자만 113만 명에 달한다. 하지만 수몰이 진행되면서 이민자 수는 130만여 명으로 늘었다. 물론 중국 정부의 발표 수치여서 실제 이민자 수는 200만 명을 넘었다는 게 필자가 만난 현지 관료들과 전문가들의 설명이다.

문제는 수몰이 진행되면서 옮겨간 이민자보다 댐 완공으로 발생하는 환경 변화로 인한 피해자들이다. 댐이 완공되면 393억 톤의 물이 고인다. 이 양은 일본 전체 담수량과 맞먹는다. 이 무게가

산사태
수위가 상승하면서 물의 압력이 높아지자 이 압력을 견디지 못한 주변 지형은 이처럼 산사태를 유발한다. 샤샤댐이 들어서면서 산사태는 샤샤 지역에서 가장 흔히 볼 수 있는 풍경이 되었다.

필자 앞을 가로막은 산사태
샤샤댐으로 산사태는 흔한 일상이 됐다. 필자도 샤오샤샤를 둘러보다 경사면이 무너지는 바람에 도로가 끊겨 긴 여행길을 도보로 움직여야 했다.

차오르는 물을 피해 이삿짐을 꾸리는 가족
지난 봄에 심은 옥수수며 곡식들을 수확하지도 못한 채 서둘러 떠나야 한다.

좁은 샨샤의 협곡에 고스란히 갇히면 주변 지형은 잦은 산사태와 심지어 지진으로까지 이어진다.

수질 오염은 또 다른 문제다. 홍콩 〈사우스차이나 모닝 포스트〉는 지난 2001년 샨샤댐 타당성 조사에 참여한 칭화대학 장광도 교수의 견해를 소개했다. 장 교수는 "충칭 지역에 폐수처리 시설이 완공되더라도 연간 11억 8천만 톤의 산업, 생활 폐수 가운데 4분의 3에 달하는 9억 4천만 톤이 댐으로 유입된다"고 밝혔다. 홍수 조절용으로 건설되는 샨샤댐이 양쯔강에 거대한 정화조가 될 수도 있는 것이다. 이 물을 마셔야 하는 양쯔강변의 수많은 사람들은 피부

양쯔강

양쯔강은 엄청난 토사를 안고 흐른다. 하지만 샨샤댐으로 이 토사가 가로 막히면 결국 샨샤댐의 물 저장 능력은 떨어지고 댐은 제 기능을 잃어버리게 되는 것이다. 전문가들은 댐 완공 20년 이내에 이 토사 때문에 댐의 기능이 상실될 것으로 전망하고 있다.

완조우 시의 하수관로

도시에서 나오는 생활 폐수들은 하수처리장을 거치지 않고 곧바로 양쯔강으로 유입된다. 이 때문에 흐르지 못한 양쯔강은 심각한 부영양화 현상을 일으키고 있다.

병 등 각종 수인성 질병에 노출될 수밖에 없다.

거대한 물이 한 곳에 갇히면 주변 지역에 안개 발생이 많아진다. 이때 주변 공장 지대와 연간 22만여 척이 내뿜는 선박에서 나온 각종 공기 중 오염 물질은 안개에 섞인 채 호흡기로 들어와 호흡기 질환을 유발할 수 있다.

샨샤 지역 가이드 일을 하고 있는 현지인은 댐이 건설되면서 안개 발생이 많아졌다며 오히려 걱정스런 말을 전했다. 위의 내용은 샨샤댐이 야기할 수 있는 환경 피해 가운데 일부분에 지나지 않는다. 세계 최대의 댐이 일으킬 수 있는 환경 피해는 훨씬 복잡하다.

안개로 덮힌 시멘트 공장

샨샤댐으로 생긴 호수는 안개를 일으키는데 이때 안개는 오염 물질을 붙잡아 사람의 호흡기 속으로 들어온다. 사진은 우샤에 위치한 시멘트 공장으로 매연은 공기 중으로 확산되지 않고 샨샤 협곡에 그대로 갇혀 있다.

샨샤 지역에 거대한 호수가 생기면서 양쯔강 기단에 영향을 미쳐 기상 변화를 유발할 수도 있다. 이 변화된 기상으로 수증기 공급이 제한되면서 곧 북부 지역의 사막화를 일으킬 수 있다는 연구 결과도 나왔다. 사막화는 또한 일차적으로 식량 생산을 감소시키는 것은 물론 황사의 빈도와 강도를 높여 결국 사람들에게 피해를 미칠 수밖에 없다. 중국 서부 내륙지역에 만들어진 세계 최대의 댐은 결국 환경난민자를 대륙 전체로 확산시킬 수 있는 것이다.

필자가 샨샤 지역에 머문 두 달여 동안 맑은 날은 다섯 손가락으로 꼽을 정도로 드문 현상이었다. 샨샤댐에서 만나는 안개가 중국 서부 개발의 번영을 알려주는 청신호인지 아니면 환경 재앙의 적신호인지 속단하기는 아직 이르다. 하지만 분명한 것은 그 주변에서 양쯔강에 의지하며 살아가는 1억 5천만여 명의 사람들의 생활에는 절대 반가운 현상이 아니라는 것이다.

농사꾼, 어부가 되든지 빈민으로 살아가든지…

샨샤댐이 물을 가두면서 수위는 최고 175m까지 상승한다. 이로 인해 1차적인 큰 변화는 농지가 수몰로 사라지는 것이다. 샨샤 지역은 험준한 절벽과 산악 지대여서 농지가 절대 부족한 편이다. 예로부터 산 7, 물 1, 밭 2로 불릴 정도로 산이 많은 지역이다. 농민들이 이 샨샤의 협곡을 계단식으로 개간해 쌀이며 옥수수 등의 농산물을 재배한다. 그리고 이 농산물은 대부분 자가 소비에 그칠 정도로 영세한 규모다. 농지가 절대 부족한 탓이다. 하지만 샨샤댐으

밤새 잡은 물고기
대부분 작은 쪽배로 어업을 하는 어민들은 양쯔강 수위가 높아지면서 물고기잡이에 더욱 어려움을 겪는다고 말한다.

로 이 농지의 상당수가 수몰되었다.

충칭 시가 작성한 통계를 보면 샨샤댐으로 모두 33만 무(畝, 1무=30평)의 농지가 물에 잠겼다. 이로 인해 충칭의 1인당 평균 경작 면적은 0.8무로 축소되었다. 0.8무는 불과 24평에 불과하다. 농민들이 농사를 짓고 싶어도 지을 땅이 없는 것이다. 이 때문에 농민들은 도시로 이주하거나 현지에서 아예 어부로 생업을 바꾸었다.

필자는 완조우 시 외곽 양쯔강에서 물고기를 잡아 생업을 하는 30대 젊은 부부를 만났다. 불과 1년 전만 해도 이 부부는 완조우에서 50여km 떨어진 농촌에서 벼농사를 짓던 농민이었다. 하지만 경작지가 모두 잠기면서 어쩔 수 없이 완조우 시로 이주를 해야 했

매매전단지로 도배된 게시판

일정 금액의 보상비를 받고 도시로 나왔지만 실제 지급된 아파트에 들어가 사는 것은 불가능하다. 계속적인 일자리가 부족하기 때문이다. 사진은 펑두 시의 광장 게시판으로, 배정받은 아파트를 팔겠다는 매매전단지로 도배가 됐다. 하지만 사는 사람은 극히 드문 형편이다.

다. 처음에는 수몰되는 논과 집에 대한 보상비를 받고 도시로 나왔지만 문제는 돈벌이를 할 만한 일이 없었다. 중국 정부에서 보상비조로 마련해 준 18평 아파트에 들어갔지만 매달 지불해야 하는 수도요금이며 전기세를 감당하기조차 벅찼다. 결국 아파트를 처분하면서 이들 부부가 택한 것은 물고기를 잡는 어부의 일이었다.

제일 먼저 쪽배를 구입했다. 아파트를 처분한 돈으로 구입한 쪽배에서 먹고 자고 일상생활을 시작한 것이다. 나무를 이어 만든 자그마한 쪽배는 보기만 해도 엉성하다. 4m 정도의 길이에 폭은 어른 두 사람이 나란히 누우면 좁을 정도로 작았다. 하지만 이 보잘

샤샤의 어부들

샤샤의 어부들은 이런 자그마한 배로 물고기잡이에 나서야 하기 때문에 불어난 수위를 감당하기에 벅차다. 물고기잡이를 하다 전복 등으로 인명 사고까지 발생하는 경우도 많이 늘었다는 게 이들의 설명이다.

것 없는 쪽배가 이들 부부의 주거지이자 유일한 생계수단이 된 것이다. 큰 배가 지나가면서 일으킨 물보라에도 이들 부부의 쪽배는 위험천만하게 흔들렸다. 특히 야간에는 물살이 없는 곳에 정박하지 않으면 밤새 침몰의 위험에 시달려야 할 정도다. 무엇보다 농사를 짓던 손으로 그물질을 한다는 것 자체가 서툴렀다.

여기에다 양쯔강의 수위가 높아지면서 이들 부부의 작은 배로는 돈이 되는 물고기를 잡는 것 자체가 불가능했다. 그물을 던져서 물고기를 잡는 초망은 바닥에 닿아야 하지만 수심은 이보다 훨씬 깊어져 버린 것이다. 이들은 "배 위에서 먹고 자는 것은 그럭저럭

완조우 항구 내에 있는 새벽 어시장 풍경
밤새 양쯔강에서 잡은 물고기들의 거래가 이곳에서 이루어진다. 사진에서 보이는 쪽배는 이들 가족들이 먹고 자는 주거지 역할을 겸한다. 어른들이 밤새 물고기를 잡으면 아이들은 이 쪽배에서 잔 뒤 아침에 학교로 향한다.

견딜 수 있지만 조만간 아이가 태어나면 어떻게 할 방법이 없다" 라며 어부로 변한 자신들의 처지를 한참이나 비관했다.

이들 부부처럼 완조우 수산시장 주변으로는 쪽배를 주거지 삼아 지내는 일명 '양쯔강 표류 가구' 들이 늘고 있다. 밤새 물고기를 잡기 위해 다니며 아이들은 배 안에서 잠을 잔다. 그리고 새벽이 되면 잡은 물고기를 수산시장으로 옮기고 아이들은 학교로 향한다. 하지만 이들 어부들이 밤새 잡아 올린 어획량은 한 손으로 들

벼랑 끝으로 몰린 논과 밭

농토가 절대 부족한 샤샤 지역 농민들은 절벽 사이를 개간해 농사를 짓는다. 사진에서 보이는 산의 대부분은 모두 논과 밭으로 개간되었다. 이 때문에 산림이 심각하게 파괴되면서 토사 유실과 산사태 등 많은 환경 문제를 낳고 있다.

수 있을 정도의 양에 불과하다. 주로 새우나 작은 물고기가 전부다. 수심이 깊어져 그물이 닿지 않기 때문이다. 쪽배에 노모와 자식 두 명을 데리고 사는 한 중년의 어부는 "양쯔강의 수심이 깊어지면서 물고기잡이가 갈수록 힘들어지지만 마땅히 할 일이 없는데다 그나마 쪽배라도 있기 때문에 이 생활을 하고 있다"라고 말했다.

도시로 이주해온 이민자들 대부분이 이 어민들처럼 어부로 생업을 바꾸든지 아니면 도시에서 하는 일 없이 지내기 일쑤다.

완조우 신시가지에서 노점상을 하고 있던 45살 탕웬수 씨를 만났다. 결혼과 동시에 남편과 사별한 이 여인은 이곳에 오기 전 농사를 지었다고 말했다. 중학생 아들을 키우기 위해 어쩔 수 없이 신도시의 시장에서 노점상 일을 시작했다. 이를 위해 농사를 하며 모아 두었던 돈 800위안(약 십만 원)을 투자했다. 하지만 신도시에서 노점상 일이 전혀 돈이 되지 않는다는 것은 시작과 동시에 알아차렸다. 그곳에는 물건을 팔기 위한 장사꾼들만 있고 물건을 사러 오는 사람들은 없었던 것이다. 신도시로 몰려 든 사람들 거의 대부분이 농촌 등 수몰 지역에서 몰려 온 사람들이었기 때문이다. 모두 자신들의 생계를 위해 당장 무엇이라도 내다파는 장사를 해야 했지 물건을 구매할 형편이 없었던 것이다. 이로 인해 상당수 이주민들은 생계가 되는 어떤 일을 찾기보다는 찾아주기를 기다리는 수동적인 입장으로 변해 가는 듯 보였다. 그리고 이들 상당수는 도시의 새로운 빈민 계층으로 형성되고 있다는 게 완조우 시 관료들의 설명이었다.

이런 사정은 일부 이주 농민들을 다시 샨샤의 벼랑 끝으로 보내고 있었다. 이들은 농사를 짓기 위해 위험천만한 샨샤의 벼랑 끝에서 토지를 일구는 일까지 벌어지고 있다. 샨샤댐이 들어서면서 샨샤 협곡의 깊은 숲이 농토로 바뀌면서 파괴되고 있는 또 하나의 이유이기도 한 것이다.

● 하루벌이로 전락한 소수민족 투자족

충칭에서 샨샤 협곡이 시작되는 지역에는 소수민족인 투자족(土家族)의 집성촌이 몰려 있다. 투자족은 모계 중심의 사회로 자녀를 낳으면 어머니의 성을 따르며 일처다부제도 허용된다. 결혼도 모두 여성이 주도하는데 마음에 드는 남자의 발등을 밟는 것은

투자족의 전형적인 농촌 마을
평지가 부족한 샨샤 지역에서 이들은 비탈을 개간해 계단식 논을 일궈 생활한다.

● 투자족 사람들

곧 청혼을 의미한다. 이를 거절할 경우 황소 한 마리를 주거나 일정 기간 동안 그 여자의 집에서 일을 해줘야 한다. 이와는 반대로 청혼을 받아들일 경우 발등을 밟힌 후, 역으로 여자의 발을 밟으면 된다.

이들이 사는 집은 다른 민족과는 조금 독특하다. 투자족은 1층에 방을 두지 않고 기둥 네 개만을 받친 뒤 비워 둔다. 우리네 원두막처럼 2층부터 방을 들이는 것이다. 이는 샨샤 지역이 안개로 인한 습기가 많은 데다 겨울에도 비교적 따뜻한 기온으로 뱀과 벌레들의 공격으로부터 안전을 유지하기 위한 것이다. 투자족의 가옥 재료는 모두 황토로 되어 있어 한여름 무더위에도 집에 들어가면 시원함을 느낄 수 있다.

하지만 투자족은 샨샤댐으로 민족성 자체가 가장 크게 위협받고 있는 소수 민족 가운데 하나가 돼버렸다. 이들이 사는 최대 도시이자 관광도시였던 시토어구전(西陀津)은 절반가량이 수몰되었다. 필자가 시토어구전을 찾았을 때는 이미 투자족 최대의 민속마을이 대부분 철거된 뒤였다. 그곳에서 만난 70대 노파는 오랜 세월 함께 지내던 이웃이며 관광객들이 물이 차오르면서 더 이상 찾아오지 않는다고 말했다. 한때 관광객들을 상대로 번성하던 이곳 민속 마을은 인구 3만 명을 헤아리기도 했다고 한다. 하지만 이들은 지금 모두 어디로 갔는지 궁금증만을 자아낼 뿐이다. 필자는 부서진 민속마을 잔해 아래 양쯔강에서 거대한 석탄 하역장을 발견했다. 그곳에서는 한때 관광객들을 상대로 장사를 했던 투자족 사람들이 시커먼 석탄을 하역하는 인부로 직업이 바뀌어 있었다. 주변 광산에서 트럭으로 끊임없이 석탄을 실어오면 이 석탄을 화물선

석탄 하역장에서 일하는 인부들

양쯔강의 수위가 높아지면서 시토어구전은 수몰되고 양쯔강변으로 거대한 석탄 하역장이 들어섰다. 투자족 사람들은 일거리가 절대 부족해지자 이곳에서 일용직 석탄 하역 인부가 됐다.

에 실어 나르는 것이다. 분진을 막기 위한 마스크나 별다른 작업 도구도 없다. 이들이 이렇게 해서 벌어들이는 수입은 하루 5원에서 많게는 10원, 우리나라 돈으로 1000원 정도다.

민속마을이 철거되기 전 마을 요지에 집 두 채를 가졌었다는 50대 석탄 인부는 자신의 처지를 이렇게 말했다. "철거비로 받은 돈으로 도시로 이주해 갔지만 결국 일감을 찾지 못해 1년 만에 고향으로 돌아왔는데 여기에서도 일거리가 없어 이 일을 하지 않을 수 없다. 한때 내가 부자라고 생각했는데 지금은 세상에서 가장 가난한 사람 축에 든다"라며 석탄으로 찌들은 두 손을 보여주었다.

인력거꾼들
평두 시 도심지에서 일거리가 없어 마냥 기다리고 있는 인력거꾼들, 이들 대부분은 농촌에서 농사를 짓던 투자족들이었다. 이들에게서 투자족에게서 느낄 수 있었던 고유의 풍습과 생활방식을 기대하긴 힘들다.

하지만 이마저 일거리가 부족해 순서를 기다리기 일쑤다.

시토어구전은 그나마 고지대로 새로운 건물을 만들어지면서 명맥을 유지하고 있지만 샤샤 협곡의 양쯔강 주변에 산재해 있던 투자족 마을 대부분은 물에 잠겼다. 이들은 난생 처음으로 도시라는 곳에 이주를 해야 했고 이로 인해 자신들만이 가졌던 고유한 문화는 급속도로 사라지고 있었다.

철거 명령을 받은 건물에서 떠나지 않고 있는 주민
사진 속의 노인은 이 건물의 주인 이지만 보상을 받지 못했다며 철거를 완강히 거부하고 있다.

● 환경난민자, 대륙의 시한폭탄이 되다

띵쯔후를 아십니까?

수몰이 진행되면서 중국 정부의 가장 큰 골칫거리 가운데 하나는 이주를 거부하는 주민들이다. 당초 약속한 이주비를 제대로 받지 못한 주민들뿐 아니라 특히 평생을 한 곳에서 살아왔던 노인들이 대표적인 경우다. '띵쯔후(釘子戶)'는 못처럼 깊이 박혀 있어 이주를 시키기가 어렵다는 이주 담당 공무원들이 사용하는 용어다. 대부분 중국 정부의 반강제적인 이주 정책으로 떠날 수밖에 없지만 상당수 노인들을 비롯한 농민들은 이주를 격렬하게 반대하면서 심각한 충돌로 이어지는 경우도 많았다.

필자는 철거가 막바지에 접어 든 펑두 시를 찾았을 때 곧 쓰러질 듯한 위태한 건물을 떠나지 않고 있는 한 노부부를 만날 수 있었다. 이 노부부는 사정을 물어보지도 않은 채 대뜸 취재진에게 고성을 치며 욕설 같은 항의를 하기 시작했다. 무슨 소리인지 몰라 통역을 통해 자초지종을 들어보니 우리를 이주를 독촉하는 펑두 시 공무원으로 알고 당장 사라지라는 내용이었다. 여기서 필자는 중국 현지 신문기자라고 신분을 잠깐 속이고 이 노부부의 이야기를 들어 봤다.

당시 70대에 접어 든 노부부는 아들 내외와 손자 등 7식구를 거느리며 5층 건물을 소유하고 있었다. 이 건물을 세주면서 세수입

이주를 거부하고 있는 따창꾸진의 노인들

과 함께 1층에는 관광 상품을 파는 가게도 운영하면서 비교적 안정된 수입을 가졌었다. 하지만 어느 날 평두 시 이민국에서 찾아와 집이 수몰될 것이니 건물 감정을 해야 한다며 조사해 갔다. 그때 감정가는 2만 5천 위안(한국 돈 320여만 원)이었다. 당시 5층짜리 건물에 대한 감정가가 터무니없다며 항의를 했지만 먹혀들지 않았다. 이웃집들도 하나둘씩 감정가를 수용하자 어쩔 수 없이 자신들도 도장을 찍을 수밖에 없었다고 한다.

하지만 실제 이사를 떠나기 위해 신도시로 이주를 준비할 때 평두 시에서 지급된 돈은 감정가의 6%인 1500위안(20여만 원)이었다. 그리고 이사를 가면 18평 아파트가 주어진다는 통보를 함께 받았다. 신도시로 이주해 가면 당장 일거리도 없는 데다 20여만 원으로는 당장 무엇을 해 보기가 불가능한 돈이었기 때문이다. 더구나 7식구가 18평 아파트에 산다는 것은 있을 수 없다며 이주를 거부하고 나선 것이다. 평두 시 이민국은 이주가 완료되면 감정가를 분할해 지급해 주겠다는 약속을 하면서 건물에 이들 가족이 없는 틈

철거가 진행 중인 따창꾸진의 골목길
어린아이와 노인들만이 간간히 보이는 을씨년스런 풍경을 연출한다.

을 타 철거를 시도하기 시작했다. 하지만 이들 노부부와 아들 가족의 육탄 방어에 물러날 수밖에 없었으며 이 같은 상황이 몇 번 계속되면서 이들 가족의 얼굴에서는 이제 어느 누구의 말도 믿지 못하고 있었다.

마을 전체가 이전 계획에 포함되어 산 위로 옮겨지는 중요 문화재인 따창꾸진에서는 300여 명의 노인들이 집단으로 이주를 거부하고 있었다. 조상들이 묻혀 있고 조상들이 세운 터전을 떠날 수 없다는 게 이주를 거부하는 주된 이유였다. 여기에다 평생을 함께 살아 온 마을 주민들과 헤어진다는 것은 있을 수 없다는 것이다. 하지만 이주를 거부하는 노인들에게 완조우 시는 전기와 수도를

대문과 명패
따창꾸진에서 이사를 가기위해 뜯어 놓은 대문과 명패들이다. 샨샤인들의 이사 풍습 가운데 하나는 대문을 떼어 가는 것이다.

끊어 버렸다. 심지어 집의 대문을 못으로 폐쇄하고 건물을 강제 철거하기도 했지만 노인들은 아예 건물 안에 들어앉아 나올 생각조차 않고 있었다.

따창꾸진에서 만난 한 60대 노인은 이미 자식들을 따라 도시로 이주해 갔지만 적응하지 못하고 다시 자식들과 함께 따창꾸진으로 돌아왔다. 하지만 자신들이 살던 건물은 이미 철거된 뒤였다. 할 수 없이 이웃집 신세를 지고 있지만 한 번 실패한 이주는 더 이상 엄두를 내지 못하고 있었다. 그러나 마을 앞으로 양쯔강의 물은 계속 차오르고 따창꾸진은 결국 더 이상 지도에서 존재하지 않는다.

샨샤댐으로 샨샤 지역의 노동자 20만 명이 실직했다. 이들은 일

철거가 시작된 건물
금방이라도 무너져 내릴 듯한 건물 곳곳에서는 많은 사람들이 목숨을 건 이주 반대에 나서고 있었다.

인당 하루 5위안(650원) 정도의 최저 생계비에도 미치지 못하는 돈에 의지한 채 하루하루를 살고 있다. 중국 절대 빈곤 인구의 반 이상이 댐건설로 인해 생겨났다. 댐건설로 인한 이주정책으로 어쩔 수 없이 고향을 등져야 했다. 하지만 이들은 엄격한 통제 아래에서 베이징은 물론 충칭 등 어디에서도 자신들의 어려움을 호소할 수조차 없다. 이주민들이 댐과 관련한 어떠한 불만을 토로하면 '국가기밀 누설' 이라는 죄명으로 구속된다.

발전을 위해 방류 중인 샨샤댐

감히 탐관오리라고 말하다

샨샤댐 건설비용은 당초 108억 달러였지만 공사가 진행되면서 두 배에 달하는 210억 달러로 늘어났다. 이 가운데 이주 보상금은 전체 샨샤댐 건설비의 40%가 넘는다. 하지만 이주민들의 정착금으로 지급되어야 할 상당액의 이주 보상비가 중간에서 사라지고 있다는 게 이주민들의 설명이다. 중국 정부 또한 이주비 횡령에 적잖이 골머리를 앓고 있었다.

2005년 12월 중국 〈차이나 데일리〉는 국무원 샨샤사업건설위원회 관계자의 말을 인용해 "샨샤댐 수몰 비용으로 책정된 자금이 부패한 관리들의 좋은 먹잇감이 되고 있다"고 보도했다. 〈차이나 데일리〉는 지금까지 공식적으로 확인된 이주비용 관련 횡령 사건만 모두 237건으로 이로 인해 구속자만 369명, 횡령된 액수는 5580만 위안(약 67억 원)에 달한다고 했다. 하지만 현실은 이보다 훨씬 더 심각한 것 같았다. 필자가 시토어구전과 완조우를 오가는 배 위에서 만난 이주민들의 설명은 관련 공무원들이 얼마나 교묘하고 집요하게 이주비를 횡령해가는 지를 적나라하게 설명해 줬다.

샨샤댐 전시 공원에 들어서 있는 모형도
인민들의 피와 땀으로 건설됐다는 형상물이다.

30대 닭장사 "이주비 책정이 천차만별인 것을 뒤늦게 알았다. 이웃집과 비슷한 집과 땅을 가졌지만 3분의 1도 받지 못했다. 이사 가는 날 뒤늦게 이웃에게 물어보니 이주비를 받기 위해 따로 돈을 주었다고 한다."

손녀를 안고 있는 50대 여인 "감정가는 5만 위안(650만 원)이었지만 실제 지급된 돈은 5천 위안(65만 원)이었다. 나머지는 언제 주냐고 다그치니 5천 위안(65만 원)을 더 주면서 더 이상 말하지 말라고 했다. 다시 달라고 하니 이미 준 돈마저 다시 가져 갈 수 있다며 어름장을 놨다. 그 이후 한 번도 그 공무원에게 돈을 달라고 해본 적이 없었다."

수몰을 앞둔 시장 풍경

이곳을 찾는 사람들은 한치 앞을 내다보지 못하는 자신들의 처지를 빗대어 "싸울 줄 모르는 사람들"이라는 표현을 쓰고 있다.

40대 농부 "감정가를 모두 돈으로 받았다. 하지만 공무원이 이 돈을 사용하지 말고 가지고 있으라고 했다. 이주하는 집을 좋은 데 잡아 주기 위해서라고 해서 더 이상 물어보지도 않았다. 며칠 뒤 이 공무원이 감정가의 절반을 달라고 해서 주었다. 그 뒤 아파트로 이사를 했지만 벽면이 부서지고 창문마저 떨어져 나간 18평 아파트였다. 며칠 간 비닐로 창문을 막고 자야했다."

이 같은 발언들은 3시간가량의 항해에서 배 위라는 적어도 공안(公安)으로부터 감시를 받지 않는 공간이 마련되면서 들을 수 있었다. 배에서 내리자 필자에게 침을 튀기면서 억울함을 호소하던 이들은 조용히 짐을 싸들고 자신들의 갈 길로 사라졌다. 물론 이 가운데 상당수는 생각만큼 이주비가 책정되지 않아 과장된 표현들이 많았지만 배정된 지급액마저 정당하지 않게 지급되고 있는 것만큼은 분명해 보였다.

30대의 한 젊은 이주민은 이런 중국 정부 관료들의 행태에 대해 노골적으로 '탐관오리' 라는 거친 표현까지 서슴지 않아 필자를 당혹하게 만들기도 했다.

신해혁명 이후 중국 최대 폭동 전야

샨샤 주변에는 많게는 10만여 명의 지게꾼들이 하루하루를 살고 있다. 이들은 오가는 선박에서 손님들의 물건을 옮겨 주면서 건당으로 1~2위안(한국돈 200~300원)을 받고 지낸다. 하지만 샨샤댐이 들어서면서 그 수가 너무 많아져 힘이 약한 이들은 손님 차지 경쟁에서 뒤쳐지고 만다. 이들 대부분은 농토를 잃은 농민들로 도시로 이주했지만 일자리를 구하지 못하면서 거의 유일한 생계 수단인 지게꾼 일을 하게 된다. 장사의 밑천은 긴 막대기의 지게와 짐을 옮길 수 있는 힘이 전부다.

필자 일행이 화물선과도 같은 여객선에서 완조우 선착장에 내리자마자 30여 명의 지게꾼들이 짐을 서로 차지하겠다며 몰려 든 일이 생겼다. 짐들은 삽시간에 짐꾼들 서너 명의 손아귀에 넘어가 버렸다. 이들은 필자 일행이 OK사인만 주면 그대로 옮길 준비를 하며 짐을 끈으로 묶고 있었다. 이때 현지 가이드가 두 사람만 필요하다고 하자 또 자기들 간에 심한 다툼을 겪은 뒤에야 최종 두 사람이 선발되었다.

당시 필자 일행의 짐은 무거운 방송 장비에다 개인 짐까지 모두 포함되어 있어 최소 400~500kg은 훨씬 넘었을 것으로 기억한다. 하지만 이 무거운 짐을 나눠진 두 지게꾼은 뛰다시피 비탈길을 올라가더니 짐을 날라 놓고는 한참 뒤에 따라 오는 필자 일행에게 다시 돌아와 돈을 달라고 했다. 필자는 작은 체구의 이들이 어떻게 무거운 짐을 이렇게 잘 들 수 있는지 궁금해 물어 보자 답은 의외로 간단했다. "빨리 짐을 옮기고 돈을 받아야 다음 사람의 짐을 옮

샤샤의 지게꾼
샤샤 주변에서 지게꾼은 모든 것을 날라준다. 이들은 짐의 무게에 따라 1원(130원)에서 2원(260원) 가량 받는다. 문제는 지게꾼들이 크게 늘면서 일감을 얻기가 점점 어려워지고 있다는 것이다. 나이 든 지게꾼들은 일감 경쟁에서 뒤처질 수밖에 없다.

길 수 있고 그래야 돈을 벌 수 있기 때문이다." 이것이 그 짐꾼의 답이었다.

여기서 필자는 이제 막 30살이 됐다는 한 젊은 짐꾼의 어깨를 봤다. 마른 체구지만 탄탄한 어깨가 건강하게 보였다. 하지만 어깨의 중간 부위가 야구방망이에 맞은 듯 움푹 패였으며 양 어깨의 균형도 제대로 맞지 않았다. 이들의 얼굴에서 나이를 가늠하기란 힘들다. 40대를 훌쩍 넘긴 중년이라고 생각하면 아직 30살도 채 되지 않은 이들도 많았다. 가혹할 정도의 노동으로 인한 육체의 피로도가 노화를 촉진한다는 이론을 정립할 수밖에 없는 상황이었다.

시장에 내다팔기 위해 가져온 닭을 옮겨 가는 지게꾼

지난 2005년 샨샤 협곡이 국내에 소개되면서 한 방송사에서는 '이들 지게꾼들이 얼마나 무거운 짐을 짊어질 수 있을까?' 라는 프로그램을 방송했다. 여기에 출연했던 한 40대 짐꾼(실제 TV화면에는 60대에 가까울 정도로 나이가 들어 보였다.)은 PD가 요구하는 대로 무거운 물건을 어깨에 메고 뛰어서 멀리 갈 수 있는지를 잘도 시범해 보였다. 게다가 함께 출연했던 리포터는 이것이 이들 지게꾼들의 기술이고 노하우라며 시간 내 빨리 뛰기, 더욱 무거운 짐지기 등을 요구했다. 한때 농민이었다가 샨샤댐으로 도시에 온 그가 지금 살고 있는 집이라며 찾아 간 곳은 곧 수몰될 처지의 양쯔강변에 있는 천막이었다. 이들의 아픈 속사정도 결국 유희거리로 치부될 수밖에 없는가라는 안타까움이 일었다.

지난 2004년 10월 이들 지게꾼들의 불만에 불을 붙인 사건이 터졌다. 완조우 시 청사 앞 광장에서 정부 관리가 지게꾼을 폭행하는

완조우 시 정부 청사 앞에 가득 모인 군중들
이미 청사의 정문과 로비는 군중들로 인해 파손된 상태다. 특이한 점은 시위를 이끄는 주도자가 보이지 않는 것이다.

장면이 주변 사람들을 자극해 버렸다. 순식간에 수백 명의 사람들이 몰려들면서 관리의 폭행에 항의하자 이번에는 출동한 무장 공안(경찰)들이 시위 군중을 곤봉으로 때리며 제압하려 들었다. 사태는 이 때부터 걷잡을 수 없이 확대가 돼버렸다.

이를 취재했던 지역 신문의 한 기자는 당시 지게꾼이 주축이 된 시위 군중이 1만 명을 넘어섰다고 밝혔다. 이들은 완조우 지방 정부 청사에 난입한 뒤 집기와 창문을 모조리 부쉈다. 출동한 공안차량도 예외가 아니었다. 현장에 있었던 이 신문기자는 당시 그의 손에 있던 사진기로 사진 3컷을 어렵게 촬영하는 데 성공했다. 하지만 이 사진은 다음날 신문에 실리지 않았고 관련 기사도 나가지 못했다. 완조우 공안은 이 사태를 외부에 유출시키지 못하도록 엄격하게 통제해 버렸던 것이다. 필자는 익명을 요구하는 이 취재기자

불타는 공안차량과 군중들
불타고 있는 공안차량과 그 주위를 둘러싸고 있는 시민들, 이들 대부분은 지게꾼이다. 사진 왼쪽의 나뭇잎이 살짝 가려진 뒤편 거리로도 많은 군중들이 몰려 있는 것을 알 수 있다. 불타는 차량 주변으로 공안들이 조심스럽게 통제하고 있지만 당시의 급박한 상황을 엿볼 수 있다. 사진의 맨 앞으로는 흐릿하지만 웃고 있는 사람의 모습이 이채롭게 보인다. 오른쪽 사진은 파손된 완조우 인민정부 청사다.

에게 석 장의 사진을 얻어 처음으로 중국 내부에서 샨샤댐으로 빚어지고 있는 갈등의 생생한 현장을 공개한다.

이처럼 샨샤댐 상류 지역에는 누적된 불만에 의한 산발적인 폭력 시위가 끊이지 않고 있다. 완조우 시에서만 지난 2003년 한해 동안 지방정부 청사를 점거하고 관리들을 억류하거나 도로를 점거하는 이주민들의 시위가 16차례나 있었다. 그리고 이런 산발적인 시위는 갈수록 조직적인 형태로 바뀌고 있다는 게 필자가 만났던 취재기자의 설명이었다.

샨샤댐으로 개발의 과실은 커지고 있는 반면 그 과실의 분배에서 제외된 사람들 또한 늘면서 샨샤 지역은 언제 터질지 모르는 뇌관이 되고 있다.

● 먹고 마실 물이 없다

100억 톤의 폐수, 100억 톤의 쓰레기 갈 곳이 없다

중국에서 샨샤댐 건립 논란이 가장 뜨거웠던 시기는 지난 1986년부터 샨샤댐이 첫 삽을 뜨기 시작한 1993년까지다. 이 기간 중 가장 왕성하게 댐 건설 반대를 외쳤다가 미국으로 망명길에 오른

양쯔강 주변 농촌 마을 풍경
양쯔강이 유일한 식수원이었지만 지금은 대체 식수원을 마련하는 것이 무엇보다 시급한 일이 됐다.

수몰되고 있는 완조우 시
오폐수는 처리시설이 없어 곧바로 양쯔강으로 흘러든다. 이로 인한 수질 오염은 샨샤댐으로 인한 여러 문제 가운데 가장 급박한 문제 가운데 하나가 되고 있다.

150여 가구의 유일한 식수통 앞에 서있는 노인
시멘트로 만든 이 물탱크는 빗물에 크게 의존하고 있다. 양쯔강 물을 마실 수 없게 되자 식수원 찾기는 더욱 어렵게 되고 있다.

충칭 시민의 식수원 옆에 있는 지류 하천

인구 1000만 명 충칭 시민의 식수원과 불과 1km 하류 지역에 위치한 지류 하천, 하지만 이곳까지 역류한 양쯔강 물이 쓰레기를 떠안고 올라와 식수원을 심각하게 위협하고 있다.

반체제 환경운동가 다이칭은 전문가의 말을 인용해 "댐 수질 악화로 인한 피해는 인력으로 막을 수 있는 범위를 넘어 선다"는 주장을 제기했다. 그는 댐이 완성되면 연간 100억 톤의 폐수가 댐으로 흘러들면서 양쯔강의 부영양화가 불가피하다고 말했다. 샨샤댐으로 흘러드는 물의 90%가 내륙 최대의 공업 도시인 충칭 시를 관통하지만 충칭 시의 오수 처리율은 20% 수준이다. 여기에 강의 유속이 댐으로 막히면 강의 자체 정화 능력마저 떨어 질 수밖에 없다. 그리고 폐수로 인한 수질 오염은 샨샤댐 물막이 공사 이후 현실로 다가왔다.

도심지 인구만 1000만 명이 넘어 선 충칭은 대표적으로 식수 문

땔감을 줍고 있는 주민들
쓰레기 처리장이 부족하기 때문에 수거한 쓰레기는 이처럼 강변에 그대로 쌓아 두었다. 쓰레기 가운데 불에 타는 땔감을 줍고 있는 주민들. 나머지 쓰레기는 적당히 건조되면 모두 현장에서 불태워 버린다.

제를 심각하게 겪고 있었다.

물이 정체되면서 각종 쓰레기가 역류해 식수원 주변까지 쓰레기가 밀려 든 것이다. 이로 인해 물 공급이 중단되는 일까지 빚어지고 있다.

충칭녹색지원자연합회 우등밍 회장은 "쓰레기로 인한 수질 오염 문제는 댐 건설 전부터 지속적으로 지적되었지만 눈에 띌 만한 개선점은 찾아 볼 수 없었다. 앞으로 충칭 시민들은 먹는 물 문제에 더 큰 어려움이 불가피하다"고 밝혔다. 그 한 사례로 우등밍 회장은 충칭 상수원 부근의 한 지류로 필자를 안내했다.

현장은 충칭의 외곽이지만 여전히 많은 건물들이 있는 도시를 방불케 하는 곳이었다. 하지만 지류에 도착하자 엄청난 악취가 나

샤샤 계곡에 떠다니는 쓰레기 띠
샤샤댐 물가두기 이후 쓰레기는 곳곳에서 두텁게 쌓여간다. 물이 흐르지 못하기 때문이다.

기 시작했다. 강물이 샤샤댐으로 역류하면서 함께 올라 온 온갖 쓰레기들로 넘쳐났다. 차라리 쓰레기장에 폭우가 내려 쓰레기가 물에 고였다고 해야 할 정도였다. 이 물에서 물고기를 잡던 한 주민은 샤샤댐이 들어선 이후 여름철이면 쓰레기 때문에 더 이상 어로작업이 불가능해졌다고 말했다. 문제는 이 지류가 곧바로 충칭시민의 식수원과 연결되어 있다는 것이다. 충칭 시는 상수원을 강물의 역류와 관계없는 상류로 옮길 계획을 세우고 수원지 확보에 나서고 있지만 급속히 증가한 인구를 충당하기에는 현실적으로 많은 어려움을 안고 있는 상황이다.

이런 가운데서도 수돗물 정수 시설이 있는 충칭 시는 그나마 오염된 물을 정화할 수 있지만 중소 도시 특히 시골로 갈수록 오염된 양쯔강 물을 그대로 마시는 경우가 많아 수인성 질병의 위험성이 높다.

한때 삼국지 무대의 중심이었던 백제성 부근은 '수상 쓰레기장'으로 유명해졌다. 홍수기인 여름철 상류에서 떠내려오는 쓰레기는 물 속에 수장돼 있다 떠오르는 쓰레기와 합쳐지고 또 하류에서 역류한 쓰레기까지 더해져 흐르지 않는 양쯔강 표면을 빽빽하

쓰레기 나무
청정 지역으로 일컬어지던 샨샤는 쓰레기 천국으로 변해가고 있다.

충칭 시의 양쯔강 쓰레기 수거선

게 메우고 있는 실정이다. 충칭 시는 양쯔강 쓰레기 전담 처리부까지 두면서 쓰레기 처리에 골몰하고 있다. 하지만 1억 3000만 명에 달하는 양쯔강 샨샤 지역의 사람들이 쏟아내는 양을 치우기란 현실적으로 불가능에 가깝다는 게 담당자들의 설명이다.

그리고 치운 쓰레기도 문제다. 수몰로 매립장 확보마저 지극히 어려워지면서 대부분 양쯔강 주변에 그대로 쌓아 둔다. 필자는 모처럼 안개가 없는 샨샤의 맑은 날, 계곡 사이로 뿜어져 나오는 연기를 목격했다. 가까이서 자세히 살펴보니 수거한 쓰레기를 그대로 태우는 것이었다. 그 속에는 나무와 함께 비닐과 폐타이어 등 각종 유해 물질도 함께 포함되어 있었다.

오염된 양쯔강은 흐르지 못하고 늘어 난 쓰레기는 갈 곳이 없어진 것이다.

● 오염된 공기, 샨샤 협곡에 갇히다

늘어나는 호흡기 질환자

샨샤의 협곡은 거대한 절벽으로 이뤄져 있다. 공기의 흐름은 이 협곡에 갇혀 안개와 잦은 비로 이어진다. 샨샤는 예로부터 물과 비와 안개의 협곡으로 불릴 정도로 다습한 지역이다. 특히 여름철은 안개의 계절로 통했다. 하지만 샨샤댐은 660km에 달하는 거대한 호수를 새로 만들었고 안개 발생일수와 빈도는 더욱 늘어났다.

이는 '호반의 도시'라 불리는 춘천의 경우에서 쉽게 그 이유를 찾을 수 있다. 우리나라 내륙 지방의 안개일수는 연평균 28일이지만 소양호가 있는 춘천은 78.6일에 이른다. 안개 농도도 다른 지역보다 훨씬 높다. 이것은 호수가 만들어지면서 넓어진 호수 표면에서 많은 수증기가 대기로 증발되면서 안개의 발생이 늘어나는 원리다. 하지만 안개는 대기 중 오염 물질을 안고 있어 그 피해는 다양하게 나타난다. 강원대 김만구 교수는 "춘천 지역 산성 안개의 농도가 산성비에 비해 10~100배가량 높은 것으로 나타났다"고 밝혔다. "또 산성 안개에 노출된 금속재료의 피로 강도는 일반 환경보다 현저히 낮아지는 것으로 조사돼 골조 부식 등으로 건물에 나쁜 영향을 미칠 것으로 추정된다"고 밝혔다.

문제는 안개가 늘어나면서 사람들의 건강에 결코 달갑지 않은 영향을 미치게 된다. 댐 건설로 인한 안개가 늘면서 상승한 습도는

샤샤 협곡에 짙게 드리우고 있는 안개

공기의 순환을 방해해 대기 오염을 증가시키게 된다. 이럴 경우 호흡기 질환자들에게 치명적인 영향을 미칠 수가 있으며 건강한 사람도 장기간 노출될 경우 호흡기 질환에 시달리게 된다.

샤샤댐 건설 전 갈수기인 겨울과 봄철은 양쯔강 수계가 거의 없어 맑은 날이 많았다. 하지만 양쯔강 건설 이후에는 계절에 크게 관계 없이 안개가 생성되고 있다. 여기에 양쯔강 주변 공장에서 내뿜는 오염 물질은 안개와 섞이게 된다. 수심이 깊어 최대 1만 톤급 선박 운항이 가능해지면서 이들 선박에서 내뿜는 매연도 대기에 정체되면서 심각한 호흡기 질환을 유발할 수 있는 복병이 되고 있다.

안개에 휩싸인 충칭 조천문

이곳에서는 '개가 해를 보면 짖는다' 는 말이 나올 정도로 안개 낀 날이 많았지만 해를 볼 수 없는 날은 과거보다 더 늘었다.

안개가 자욱한 호수

넓어진 호수에는 안개로 선박 충돌 사고마저 늘고 있다.

촬영 도중 필자의 일행 한 명이 심한 식중독으로 일정 진행이 불가능한 일이 있었다. 40도가 넘는 폭염으로 음식물이 쉬 상하는 일이 많아 조심했지만 결국 일이 터진 것이다. 필자는 어쩔 수 없이 가이드를 독촉해 중국인인 것처럼 속이고 펑두의 한 병원을 찾았다. 물론 식중독 환자에겐 외국인인 것이 탈로날 것을 우려해 입을 꼭 다물라고 당부했다. 외국인인 것이 알려지면 진료를 거부당할 수도 있는 데다 진료를 한다 해도 많은 돈을 줘야 하고 특히 진료를 했다는 기록을 공안에게 신고해야 하는 규정이 있어서 자칫 일이 복잡하게 진행될 수도 있기 때문이다.

병원은 우리네 대학병원급 수준을 육박하는 비교적 큰 규모였다. 펑두의 인구는 3만여 명으로 작은 규모였지만 환자는 복도를 가득 메우고 있었다. 가운도 입지 않은 의사들이 식사 도중 몇 마디를 물어 보더니 주사와 약을 처방했다. 어떤 성분인지는 몰라도 이 처방을 받은 환자는 다음날 거짓말처럼 식중독이 사라졌다.

여기서 필자는 전혀 의사처럼 보이지 않는 이 의사에게서 샨샤댐 이후의 환자 유형에 대해 몇 마디 들을 수 있었다. "이 병원에서 근무한 지 벌써 5년째다. 옛날에는 간혹 식중독을 일으키는 관광객들이나 찾아 올 정도로 병원은 한산했다. 하지만 지난 2004년 여름 이후부터 호흡기 환자가 크게 늘었다. 특히 면역력이 약한 어린이 환자들이 크게 늘었다" 그러면서 이 의사는 그 이유는 모르겠고 자신은 출 · 퇴근시에 꼭 마스크를 착용하는 버릇이 생겼다고 말한 뒤 다시 식사를 해야겠다며 손사래를 쳤다.

샨샤댐, 대륙의 히터가 되다

샨샤의 여름은 무더운 혹서의 계절이다. 원래 이 지역의 여름은 공기 순환이 잘 되지 않아 한여름이면 40도를 웃도는 폭서 지역에 해당한다. 그래서 8월의 샨샤는 중국의 3대 화로(火爐) 가운데 한 곳으로 일컬어진다.

하지만 중국 언론은 샨샤댐이 물을 가두면 이 물이 에어컨 역할을 하면서 더위를 식혀줄 것이란 보도를 내보내기도 했다. 차가운 물의 면적이 넓어지면 당연히 기온을 떨어뜨리는 효과를 보일 수 있다는 이론이었다. 하지만 이 보도는 기사를 쓴 기자의 상상력에서 나온 것으로 봐야할 것 같다. 바로 샨샤의 여름이 이런 보도와는 반대 방향으로 가고 있는 것이다. 양쯔강이 흐르지 못하고 호수가 되면서 더위는 오히려 더 기승을 부리고 있다. 대표적인 수몰도시인 완저우 기상대가 지난 2003년부터 2005년까지 3년간 이 지역에서 40도를 넘은 폭염일수를 조사한 결과 샨샤댐이 들어서기 전보다 평균 1.3배가량 늘어났다고 밝혔다. 샨샤댐이 '에어컨' 이 아니라 '히터' 역할을 하고 있지 않느냐 하는 우려가 현실로 다가오고 있는 것이다.

필자가 방문한 8월의 양쯔강은 짙은 황토색에 온갖 쓰레기로 넘쳐났고 퀴퀴한 냄새가 강에서 떠나지를 않았다. 땡볕을 걸으며 촬영을 해야 했고 태어나서 땀을 가장 많이 흘렸던 적을 꼽으라면 샨샤에서였다고 자신있게 말할 수 있을 정도였다. 원래 땀이 많은 체질에다 혹서의 더위는 조금만 움직여도 온몸이 샤워를 한 것처럼 땀으로 범벅이 됐다. 배낭에는 하루 3~4벌의 셔츠를 가지고 다

호수처럼 넓어진 양쯔강
아래쪽으로 보이는 지역이 새롭게 커지고 있는 신도시 이창(宜昌)이다.

녀야 했다. 그렇지 않으면 등이며 겨드랑이며 배 가슴 부위가 말라 붙은 소금기로 허옇게 변해 새로운 패션을 만들었기 때문이다. 등에 진 배낭도 등에서 배어 나오는 땀을 감당하지 못해 땀에 절기가 일쑤였다.

가장 참기 힘든 더위는 해는 떴지만 안개에 가려 해를 볼 수 없는 날이었다. 습도마저 지독히 높아 불쾌지수는 최고조에 달했다. 이 지역 사람들이 왜 웃옷을 입지 않고 거리를 활보하는 지 차라리 이해가 됐다. 그리고 마땅히 더위를 식힐 방법이 없는 사람들의 거

한여름 40도를 웃도는 더위를 식히기 위해 양쯔강에서 수영하는 사람들

참기 힘든 더위 때문에 대부분의
사람들은웃옷을 벗고 일한다.

의 유일한 피서는 물흐름이 멈춰버린 양쯔강에서의 수영이었다.

전문가들은 이런 현상이 장기적으로 기상을 변화시킬 수도 있다고 지적한다. 샨샤댐이 들어선 주변 지역은 양쯔강 저기압 기단의 생성 지역에 해당한다. 서울대 지구환경과학부 이동규 교수팀은 샨샤댐으로 인한 거대한 호수의 생성은 양쯔강 기단 패턴에 영향을 미쳐 샨샤 지역은 물론이고 중국과 나아가 동아시아 전체의 기상과 기후에 영향을 줄 가능성이 높다는 분석을 내놓기도 했다.

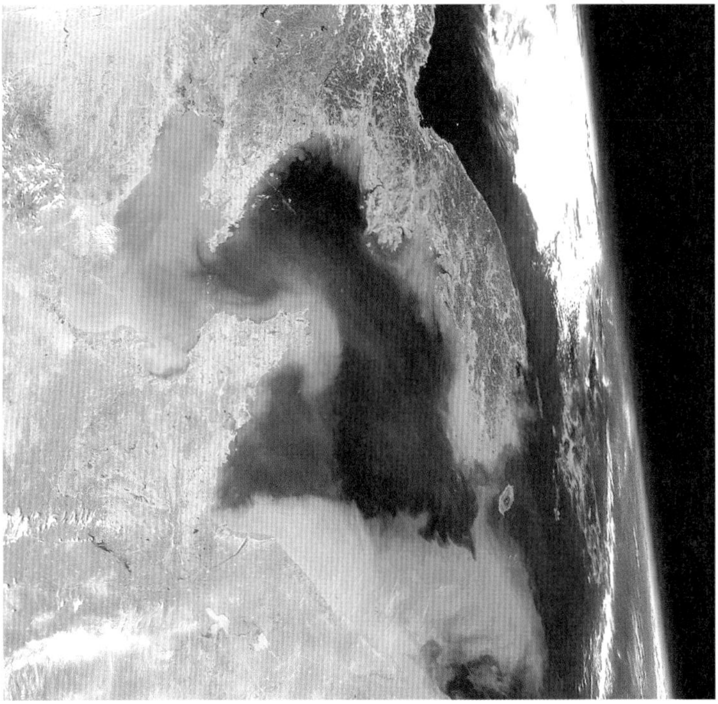

위성에서 바라본 동북아시아

양쯔강에서 생겨난 기단이 변화되면 동북아시아의 기상과 기후 패턴까지 변화를 일으킬 수 있다. (사진출처 : 미항공우주국)

● 문명이 말살한 문명

현관, 도굴꾼의 손아귀에

샨샤의 협곡은 절벽의 문화다. 높게는 500~1000m의 깎아지른 절벽에는 사람의 손길이라고 닿지 않을 것 같이 솟구쳐 있다. 이곳 절벽에 안장돼 있는 현관들은 현대에 와서도 그 높이 때문에 도굴의 손아귀에서 비교적 자유로울 수 있었다. 하지만 댐으로 물이 차오르면서 이들 야인들의 수천 년 문화재들이 도굴꾼들의 대표적인 표적이 되면서 사라지고 있다.

샤오샨샤에서 만난 소형 여객선의 한 선장은 샨샤댐이 들어서면서 비교적 낮은 곳에 있던 현관들이 대부분 도굴당했다고 밝혔다. 이 선장이 말한 도굴의 방법을 잠깐 소개해 보자. '도굴의 시간은 주로 자정이 가까운 심야에 이뤄진다. 관광객들을 태우고 샨샤계곡을 다니던 소형 유람선이 주로 이용된다. 배를 타고 평소 유심히 봐뒀던 현관이 있는 절벽 아래에 다다른 뒤 암벽 장비를 이용해 올라가는데 귀중품들만 골라 도굴한다. 도굴한 현관은 고스란히 도로 닫아 놓아 도굴의 흔적을 없애 버린다. 이것이 현관의 주인인 망자에 대한 최소한의 예의라고 여긴다.' 여기까지가 지금까지 현관 도굴에 사용되던 도굴의 전형적인 수법이다.

하지만 샨샤로 수위가 최소 100여m 이상 상승하면서 사정은 달라졌다. 수위가 일부 현관이 놓여있는 절벽의 높이까지 차오르면서 도굴이 손쉽게 변해버린 것이다. 암벽 장비로 힘들게 올라가

샨샤의 바위에 새겨진 문화재들
수몰이 진행될수록 이런 문화재들은 더 이상 볼 수가 없다.

수몰된 잔도

현관이 있던 자리
현관이 놓여 있던 곳까지 양쯔강의 수위가 올라왔다. 사진의 구멍은 현관이 있던 자리에 해당한다. 하지만 현관은 이미 도굴돼 사라졌다.

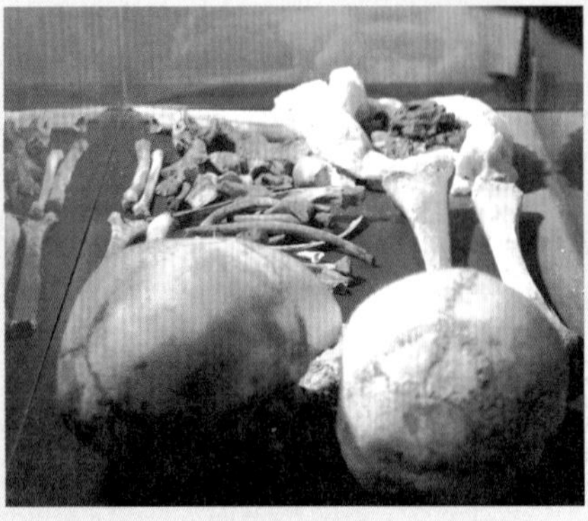

도굴된 현관
귀중품들은 모두 도굴되고 유골만 고스란히 남아있다. 샨샤댐이 들어선 뒤 현관 자체를 도굴하는 경우가 많아지고 있다.

지 않더라도 절벽에 걸쳐 놓을 수 있는 사다리 정도만으로도 일부 현관의 도굴은 가능해졌다. 무엇보다 과거 귀중품만 도굴해 가던 수법에서 아예 현관의 관 자체를 가져 가는 일도 많이 발생하고 있는 것이다.

실제 필자가 찾은 샨샤의 절벽에서 비교적 낮은 곳에 위치한 절벽의 구멍들에는 텅 비어 있는 경우가 대부분이었다. 모두 도굴돼 사라진 것이다. 샨샤 주변 도시인 완조우 등에는 개인 박물관이 많은데 이들 절벽에서 도굴해 온 현관이 필수 전시물이다. 필자는 이들 박물관을 취재하다 현관이 거래되는 현장을 직접 목격하기도 했다. 개인 박물관의 한 관계자는 “이들 현관에 대한 구체적인 실태 조사가 부족해 도굴되지 않았다 해도 많은 현관들이 고스란히 물 속에 잠겨 간다. 이를 방지하기 위해서라도 도굴을 해야 한다”는 역설적인 논리를 펴기도 했다.

어쨌든 샨샤댐은 도굴에 결정적인 역할을 한 도굴의 조력자 이상의 공범이 된 것이다.

샨샤댐이 올려놓은 수위로 인한 일명 ‘문명의 파괴 행위’는 이뿐만이 아니다. 양쯔강 샨샤 주변에는 동굴이 유달리 많이 산재해 있다. 이 동굴에는 구석기 시대부터 청동기까지 다양한 유물들이 발굴돼 왔다. 고대 샨샤인들의 문화를 알 수 있는 문화유산인 것이다. 하지만 샨샤의 절벽이 워낙 넓은 데다 협곡 사이로 나있는 동굴이 많아 아직까지 제대로 된 조사가 완료되지 못한 상태다.

필자가 샤오샨샤의 협곡을 찾았을 때 상당수 동굴들은 이미 수몰이 진행되고 있었다. 안내를 맡은 현지 가이드는 사람이 접근하기 쉬운 일부 동굴은 조사가 완료되고 유물들의 발굴 작업도 끝이

났다고 밝혔다. 하지만 대부분 험준한 절벽과 협곡에 위치해 접근하기가 어려운 지역에 위치한 동굴들은 조사 작업이 시도조차 되지 않았다고 말했다.

수몰 직전의 동굴들

샤샤 주변에 산재한 이런 동굴들에서는 구석기 시대부터 신석기 시대 유물들이 대량 출토되고 있다. 하지만 얼마나 많은 동굴이 이 지역에 산재해 있는 지 현황 파악과 발굴조차 완료되지 않은 채 샤샤댐의 수위보다 낮은 동굴들은 모두 물 속으로 사라진다. 오른쪽 동굴은 청동기 시대 주거지가 발견된 곳으로 그나마 조사단에 의해 조사가 완료되었다.

마지막 며느리 '부'의 눈물

그 자체로 국가중요문화재인 따창꾸진은 한때 3만여 명이 살았던 마을이다.

온가대원
따창꾸진에서 가장 유서 깊은 가옥 중의 하나인 온가대원의 정문

수몰을 앞둔 지난 2005년 여름 마을에 남은 300여 명의 노인들 가운데 온가대원(溫家大院)을 지키는 마지막 며느리인 61살의 부(府)씨를 만났다. 그녀가 지키고 있는 집은 청나라 때 가옥 겸 관청으로 사용하던 곳이다. 이 집은 과거 청나라 때의 전형적인 양식을 고스란히 간직하고 있어 국가중요문화재 가운데서도 꼭 보호해야 할 문화재로 지정된 곳이다. 부 할머니는 45년 전인 16살 때 이 집의 12대 며느리로 들어 왔다. 시집온 지 5년만에 자식 없이 남편을

부 할머니
온가대원 마지막 며느리이자 12대 며느리인 61살 부 할머니

온가대원의 유물
온가대원 내부엔 가문의 유물이자 국가 유물인 손때 묻은 가구들이 그대로 있다.

사별했다. 나이 50이 넘어 시부모의 장사를 지냈다. 부 할머니는 일 년에 15번 시부모와 조상들의 제사를 치루면서 지금껏 온가대원을 지켜 왔었다.

당국은 이 온가대원 전체를 고지대로 이주한다는 계획을 세웠다. 하지만 부 할머니는 '집은 원래 지어진 곳에 있어야 한다' 며 철거를 통한 이주를 막고 있었다. 그녀의 하루는 철거 작업반들이 혹시나 들이닥칠 것에 대비해 늘 대문 밖에 간이 의자를 놓고 앉아 있는 것이 일이었다. 지난번에는 잠깐 집을 비운 틈을 타 집 안에 있던 가재도구 등이 철거 작업반들에 의해 옮겨졌다며 부 할머니의 감시는 하루 온종일 계속된다. 부 할머니는 "자신 대에 와서 이 같은 일이 벌어져 조상 볼 면목이 없다. 물이 차오르더라도 이 집을 떠나지 않을 것이다." 며 도움이 되지를 못하는 필자에게 하염없이 도움을 바라는 눈물을 보였다.

위협 받는 샨샤댐

퇴적토의 모순

양쯔강의 뒷물결이 앞물결을 치지 못하면서 발생하는 대표적인 문제가 바로 퇴적토다. 여름 홍수철이면 샨샤댐은 상류의 엄청난 토사와 함께 흘러 내려온다. 토사의 양이 많을 때는 1㎥ 내에 1.2kg이 섞여 있다. 양쯔강이 걸쭉한 국물을 연상시키는 수준인 것이다.

해마다 평균 5억 톤 가량의 토사가 양쯔강으로 흘러들면서 하류인 상하이를 거쳐 황해까지 흘러간다. 특히 샨샤댐 상류 지역의 대규모 벌목과 논, 밭의 개간이 심해지면서 퇴적토의 양은 크게 늘

샨샤댐의 하류에 건설된 거저우댐
이 댐은 샨샤댐의 착공 전 토사에 대한 문제를 해결하기 위해 시범적으로 만들어진 댐이다. (사진출처 : 중국양쯔강샨샤공정개발총공사)

누런 양쯔강
양쯔강이 황토색을 띠는 것은 많은 토사를 머금고 있기 때문이다.

어났다. 비가 오면서 토양의 유실이 심해진 것이다. 문제는 샨샤댐이 양쯔강의 흐름을 막으면서 이 토사가 댐 안에 고스란히 쌓일 수밖에 없게 된 것이다.

중국 칭화대학 황만리 교수는 "댐이 물을 막으면 강의 흐름이 늦어져 토사 등 폐기물 퇴적량이 10배 이상 늘어난다"고 밝혔다. 이로 인해 전문가들은 댐을 완공한 지 20년 뒤면 댐 저수 지역 부피의 절반 이상을 퇴적토 즉 모래가 차지할 것으로 예상하고 있다. 이렇게 될 경우 댐의 당초 목적 가운데 하나였던 전기 생산이 사실상 불가능해져 댐무용론이 나오고 있다. 샨샤댐으로 수위가 상승하면서 퇴적되는 토사의 양은 급증하고 있다. 강 주변의 연약 지반은 물의 압력을 이기지 못하고 무너지면서 고스란히 강바닥에 쌓

샨샤댐 시뮬레이션 실험모형

충칭대에 설치된 샨샤댐 시뮬레이션 실험모형이다. 이 모형에서 퇴적토 실험이 이뤄졌다.

(사진출처 : 중국양쯔강산샤공정개발총공사)

여 간다.

전문가들의 이런 지적에 중국 정부는 간단한 해결책이 있다며 내놓은 것이 있다. 즉 순간적인 방류(수압)를 통해 댐 안에 쌓여가는 퇴적토를 일시에 하류로 쓸어내린다는 것이다. 지난 1993년 충칭대학교 운동장에서는 수개월에 걸친 퇴적토 방류 시뮬레이션 실험을 실시했다. 이 실험을 통해 중국 정부는 댐의 순간적인 방류로 퇴적토를 상당량 줄일 수 있을 것이라고 밝혔다. 하지만 이 퇴적토 방류 실험에 참가했던 충칭대 정택근 교수는 필자와의 인터뷰에서 "이 같은 실험이 실험을 위한 실험 수준에서 크게 벗어나지 못했다"고 밝혔다. "즉 이 같은 퇴적토의 강제 방류 방법은 댐

여객선의 스크류에 휘감기는 양쯔강

강물 1㎥에는 모두 1.2kg의 토사가 섞여 있다. 흙탕물이라는 표현이 적절할 정도다. 이런 토사는 하류로 흘러가지 못하고 샨샤댐 안에서 고스란히 바닥에 가라앉게 된다.

주변 지역에서만 일시적인 효과를 낼뿐이다"라며 반박했다. "길이만 660km인 호수에 쌓인 토사를 순간적인 방류로 흘려보낼 수 있다고 믿는 것은 수리 공학을 무시한 단순한 희망 사항일 뿐"이라고 말했다.

이에 대해 황만리 교수는 댐 건설 전 "샨샤댐이 성공할 수 없는 이유"라는 편지를 중국 정부에 보낸 적이 있다. 이 편지 내용에는 토사의 위험성이 잘 지적되어 있다. "샨샤댐은 반드시 바닥에 경사도를 주어야 하고 그렇지 않으면 진흙과 모래가 댐에 부딪혀 몇 년 내에 샨샤댐 저수지는 모래로 가득 찰 것이다. 이를 방지하기 위해 샨샤댐의 경사도는 자연 상황의 3분의 1 정도로 폭 100km당

토사가 섞인 양쯔강 물을 방류하는 샨샤댐 (사진출처 : 중국양쯔강 산샤공정개발총공사)

최소 7m 이상의 고도차가 필요하다. 샨샤댐 유역이 600km 이상인 점을 감안하면 모두 최소 400m 이상의 고도차가 절대 필요하다. 하지만 문제는 샨샤의 저수지엔 이런 고도차를 기대할 수 없다."

중국은 댐 내부에 쌓이는 토사의 위험성에 대해 이미 중국 황하에서 충분히 겪고 있다. '중국의 어머니 강' 이라 불리는 황하 중·하류 지역에는 중국 최초의 다목적 댐인 싼먼샤댐이 있다. 지난 1962년 완공된 이 댐은 전기 생산과 홍수 조절용 다목적 댐에다 양쯔강 토사를 댐 안에 가라앉히기 위한 특수 댐의 성격이 짙다. 토사를 댐 안에 가두면서 하류에 맑은 물을 공급해 보겠다는 것이었다. 그리고 댐 안에 갇히는 토사는 준설과 방류를 통해 댐의 기능을 지속적으로 유지할 수 있다는 것이다.

하지만 황하 상류로부터 내려오는 토사는 당초 계획보다 엄청난 두께로 강바닥에 쌓여가면서 결국 준설 속도로는 댐의 기능을

침식이 진행되고 있는 강변
댐의 수위가 높아지면서 연약지반인 강변의 토사 유출은 더욱 심해졌다. 강변이 침식되면서 양쯔강으로 흘러드는 토사의 양은 더욱 늘어났다. 이런 토사는 결국 댐 안에 갇히면서 많은 문제를 일으키게 된다.

유지하기가 불가능했다. 이로 인해 싼먼샤댐은 수시로 댐 안에 갇혀 있는 토사를 갑작스런 방류를 통해 하류로 흘러 보낸다. 하지만 이마저도 댐과 인접한 지역에서만 토사가 방류될 뿐 그 효과는 미미한 수준이었다. 이로 인해 댐은 사실상 전기 생산과 홍수조절 능력을 상실했으며 수시로 방류할 수밖에 없어 하류에는 맑은 날에 홍수가 발생하는 등 또 다른 물의 고통을 안겨주고 있는 상황이다. 결국 다목적 댐이지만 어느 것 하나 목적한 효과를 거두지 못하고 오히려 문화재 수몰과 인명 피해, 환경 파괴 등의 악영향만 증명한 꼴이 됐다.

특히 싼먼샤댐이 방류를 하는 날이면 탁도가 높은 물이 한꺼번에 쏟아져 나와 어류들이 대량 폐사하는 등 수중 생태계에도 심각한 영향을 미치는 것으로 조사됐다.

파괴의 교훈을 안겨주고 있는 싼먼샤댐의 규모는 샨샤댐의 10분의 1에도 미치지 못한다. 따라서 샨샤댐이 토사로 인한 싼먼샤댐의 전철을 밟을 경우 그 피해의 규모는 10배가 아니라 10배의 10배라는 기하급수적이 될 수밖에 없을 것이다.

이런 토사 문제에 대한 지적은 중국 정부로서도 모순점에 봉착해 있다. 일례로 샨샤댐의 '토사담당부서' 는 토사를 배출하기 위해서는 토사가 많이 포함된 홍수시기에 집중적인 방류를 주장한다. 이에 반해 '홍수방지부서' 는 홍수 방지를 위해 홍수기에 물을 집중적으로 저장해야 한다는 주장이다. 두 부서의 상반된 의견으로는 '홍수시기 샨샤댐은 수문을 막아 물을 가둔 채 지탱해야 할 것인가? 아니면 모래를 방출해야 할 것인가?' 의 모순에 빠져 있는 것이 된다. 이런 논란에 중국 정부는 수압을 이용하면 된다는 간단한 결론을 내렸다. 즉 '배수와 저수' 의 적절한 조절로 토사문제와 홍수문제를 해결한다는 것이다. 모순은 그대로 두고 결론만 있는 것이다.

지질학자이며 수력발전 전문가인 판샤오 교수는 "퇴적토 때문에 충칭 항의 기능이 위협받을 것이라던 원래의 예측이 더 앞당겨질 수 있다"는 우려를 나타냈었다. 그리고 이런 우려는 충칭 시가 새로운 항구를 만들고 있는 것에서 이미 토사의 문제가 증명된 것이라고 볼 수 있다. 충칭 시는 1800억 원을 들여 기존 항구와 별도로 춘탄에 새로운 항구를 만들고 있다. 이유는 토사의 퇴적 속도가 당초 예상보다 빨리 진행되고 있었던 것이다.

샤샤의 최대 위협, 샤오뤄다이와 산사태

충칭대 교수로 재직 중인 정택근 교수는 퇴적토와 함께 샤샤댐을 위협하는 또 하나의 요소가 샤오뤄다이(消落帶)라고 지적했다. 샤오뤄다이는 샤샤댐 설계 당시에는 크게 고려하지 못한 위협 요소로 다가왔다.

샤오뤄다이는 댐의 물을 채우고 빼는 과정에서 만수위와 저수위의 차이에 의해 강 주변에 생겨나는 띠다. 여기에는 수생식물도 육상식물도 자랄 수가 없어 흙과 바위가 그대로 노출된다. 샤샤댐은 최고 175m에서 145m의 만수위와 저수위로 나뉘는데 그 차이

만수위의 샤샤댐
최고 175m에 이른다.

저수위의 샤샤댐
발전을 위해 물이 빠지고 나면 수위는 30m 아래인 140m까지 내려간다. 이로 인해 강변에는 엄청난 면적의 샤오뤄다이가 생겨난다.

홍수기와 갈수기의 차이로 생겨난 샤오뤄다이
샨샤댐에 물을 가두기 전 갈수기 때의 모습이다. (사진 : 중국 CCTV 화면)

가 30m에 달하는 샤오뤄다이가 형성된다. 자연적인 식생이 자랄 수 없어 황폐해지는 이런 띠가 수만km가 넘게 형성된다. 문제는 엄청난 물의 압력이 샤오뤄다이에 지속적으로 가해지면 장기적으로 지반이 약해져 붕괴 등 대형 사고로 이어질 수 있다. 이를 증명이라도 하듯 댐이 물을 가둔 후 지난 2003년 이후 샨샤 협곡 주변에서는 600여 차례의 산사태 등 붕괴 사고가 발생했으며 대부분 샤오뤄다이가 주요 원인으로 지목되고 있다.

샤오뤄다이는 또한 땅이 크게 줄어 든 주변 농민들에게는 좋은 농토로 취급된다. 샨샤 주변 지역은 아열대성에 가까운 기후로 겨울에도 농작물 재배가 가능하다. 특히 벼와 옥수수 등의 성장 속도가 높은 기온으로 빨리 자랄 수가 있다. 농민들은 물이 줄어들어

샤오뤄다이에 농민들이 일군 경작지

경작지가 절대 부족한 샨샤에서 샤오뤄다이는 농민들에게는 놓칠 수 없는 농지가 된다. 하지만 이 경우 비료와 농약 등의 사용으로 양쯔강에 심각한 수질 오염을 일으키는 요인으로 작용한다. 더구나 경사면이 급한 경작지의 침수가 반복되면 지반은 급속히 약화돼 붕괴 사고의 원인이 된다.

샤오뤄다이가 나타나면 이곳에 집중적으로 경작하게 된다. 이렇게 될 경우 비료와 농약 등의 오염원들이 그대로 양쯔강으로 유입될 수 있어 심각한 수질 오염으로 이어지는 것은 불가피하다. 중국 정부는 이 샤오뤄다이에 경작을 금지하고 있지만 생계가 막막한 농민들을 단속하기란 쉽지가 않은 실정이다.

중국 정부가 산사태 방지 비용으로 책정한 예산만 당초 780억 원에서 5200억 원으로 늘어났다. 하지만 앞으로 댐이 만수위에 이르면 산사태 등 붕괴 현상은 농지뿐 아니라 주변 도시에도 심각한 영향을 미칠 가능성이 높아지고 있다.

산사태가 진행 중인 양쯔강변

샨샤댐에 들어찬 물의 수압은 샤오뤄다이로 약해진 지반과 맞물려 대형 재해로 이어질 수 있다.

아슬아슬한 신도시

사진은 샨샤의 중류 지역인 우샤의 산정상 부위에 세워진 신도시다.

인구 수만 명을 헤아리는 샤샤 지역 도시들을 방문하노라면 거의 공통적인 지형적 특징이 있다. 바로 경사도가 급한 산 중턱이나 정상에 조성돼 있다는 것이다. 도시 전체가 아슬아슬한 축대 위에 서있다는 느낌을 지울 수가 없다.

지난 2003년 7월 새벽 펑지와 펑두에서 지반침하로 인한 산사태로 12명이 숨지는 사고가 발생했다. 펑지 신도시의 축대가 무너지면서 발생한 것이다. 이런 지반침하는 샤오뤄다이에 가해지는 수압과 맞물려 물 아래와 물 위에서 동시다발적으로 진행되면서 도시 전체가 산사태의 위험성에 노출될 가능성마저 높일 수 있다. 그리고 이런 현상이 대규모로 벌어질 경우 완저우와 우산, 펑지, 파동 등 새로 조성된 신도시들의 안전을 장담하기가 어려워질 지도 모른다.

이런 우려들은 실제 점점 현실이 되고 있다.

펑지 산사태와 비슷한 시기 샤샤댐에서 3km 떨어진 곳에 위치한 즈구이 현에서 대형 산사태가 발생해 5명이 숨지고 19명이 실종됐다. 샤샤댐 저수 지점에서 한참 떨어진 지반에도 많은 영향을 주고 있음을 증명하고 있는 것이다. 특히 댐과 접한 시가지들의 위험은 더 클 수밖에 없다. 새롭게 건설된 신도시들은 수몰 전 지점보다 고도가 200m 높은 지점에 들어섰다. 하지만 경사도가 높은 고지대에 지반을 다지는 보강 작업이 필수지만 제대로 된 지반 보강은 이루어지지 않았으며 대부분 시간에 쫓겨 서둘러 조성됐다는 게 신도시 조성을 담당했던 관계자들의 말이다. 대부분 보강 작업 없이 산을 깎아 평지를 만들어 그 위에 대규모 아파트 등 신도시가 조성된 것이다.

샨샤의 협곡
샨샤는 그 웅장한 모습만큼이나 다양한 생태계의 보고로 알려져 있다. 하지만 댐으로 인한 수몰은 오랜 세월 만들어져 온 생태계를 근본적으로 단절시킨다.

4 물의 감옥에 갇힌 생태계

상하이 화동사범대학의 루젠젠 교수는 지난 2006년 양쯔강 생물종수에 대한 논문을 발표했다. 여기에는 지난 1980년대 중반 126종이던 양쯔강 생물종이 20년이 채 지나지 않은 지난 2002년 52종으로 줄었다고 밝혔다. 이는 양쯔강이 주변 지역의 급격한 경제 성장으로 인한 오염에 시달리고 있음을 말해준다. 산업 폐기물과 하수, 선박 폐기물 그리고 농경지 오염물질 등이 양쯔강을 오염시키는 주범들이다.

중국에서 나오는 모든 폐수의 40%가 양쯔강으로 흘러들지만 이 가운데 80% 이상은 오수 처리 절차를 거치지 않는다. 문제는 이런 오염 현상에다 샨샤댐이 양쯔강 생물의 이동 통로를 막아 심각한 생태계 단절 현상을 보이고 있다.

샨샤댐 주변에 몰려든 쓰레기 띠

생태계에 대한 인간의 잔인성을 눈으로 확인할 수 있는 것이 바로 댐으로 인한 수몰이다. 샨샤의 절벽에는 수백 년 아니 수천 년을 버텨 왔음직한 고목들 또한 뿌리를 박고 있다. 하지만 양쯔강은 지렁이 기어가는 속도마냥 단 한 번도 쉬지 않고 그 고목을 향해 올라간다. 그리고 어느 날 고목이 양쯔강을 만나면 단 며칠 만에 수천 년의 생명을 접어야 한다.

모름지기 예측하지 못한 공포보다 공포가 다가온다고 느끼는 예견된 공포가 더 공포스럽다고 한다. 양쯔강 샨샤댐은 샨샤의 생명체에 가장 공포스런 공포를 안겨준 최초의 인간 구조물이 됐다. 한 번 수몰되면 다시는 해를 보지 못한다. 어느 생명체든지 만수위인 175m의 수위 위에 스스로가 뿌리내리고 있었기를 바랄 뿐인 것

185m 높이의 샨샤댐은 그 어떤 물 속 생물종의 이동도 근본적으로 차단해 버린다.

샤샤 협곡

샤샤 협곡의 상류는 이처럼 아직 맑은 계곡물이 흐른다. 주변에는 샤샤만이 간직한 다양한 생태계를 형성하고 있다. 하지만 175m 만수위가 되면 사진에서 보는 계곡은 호수로 변하게 된다.

이다. 차오르는 물에 잠기는 모든 것은 더 이상 존재하지 않게 된다. 네 발이 있든 날개가 있든 달아나 쉴 곳조차 양쯔강의 황토물로 뒤덮혔다.

댐 건설 이후 흐름이 느려진 강은 산소 함량이 떨어지고 저수지는 쓰레기 장으로 변해가고 있다. 영국의 〈더 타임스〉는 이런 상태로라면 양쯔강은 5년 이내에 생물이 살기 힘든 죽음의 강이 될 수도 있다고 보도했다.

2006년 중국 해양학자들은 양쯔강 돌고래(白豚)가 사실상 멸종한 것으로 발표했다. 양쯔강 철갑상어 6종 가운데 이미 3종도 사라졌다. 생태계의 단절은 비단 물 속뿐만이 아니다. 최고 175m까지 물이 차오르면서 각종 조류들의 서식지였던 습지가 물에 잠기면

샨샤 주변에서 물고기 요리는 최고급 음식으로 손꼽힌다. 그만큼 물고기가 귀하기 때문이다. 하지만 이 귀한 물고기는 더 귀해지고 있다.

양쯔강에서만 서식하는 철갑상어
사진은 식당 수족관에서 촬영한 것이다.

서 철새들의 먹이터와 쉼터가 사실상 사라졌다. 특히 양쯔강 악어의 산란터가 물에 잠기면서 이제는 인공부화만이 유일한 방법이 되고 있다. 비교적 얕은 계곡 사이를 오가던 샨샤의 원숭이들은 고립됐다. 샨샤 절벽에서만 서식하는 다양한 희귀식물들도 영원히 물에 잠겨 갔다.

● 양쯔강 돌고래의 멸종

지난 2006년 12월, 중국 언론들은 일제히 양쯔강 민물 돌고래인 '바이지'가 완전 멸종된 것으로 보인다는 보도를 내보냈다. 이는 중국을 비롯한 6개국 해양생물 학자들이 한 달 반 동안 바이지를 찾기 위해 양쯔강 3400km에 걸친 대대적인 조사 활동을 펼쳤지만 단 한 마리의 돌고래 흔적도 발견하지 못했던 것이다.

바이지는 2000만 년 전 바다에서 강으로 서식지를 옮겼을 당시 모습을 그대로 유지하고 있어 '살아있는 화석'으로 불릴 정도로

바이지
바이지는 양쯔강의 여신이라 불릴 정도로 신성시해 온 존재다. (사진출처 : baiji.org)

마지막으로 촬영됐다는 바이지 사진
좁다랗고 긴 부리가 특징인 바이지의 모습이 잘 나타난다.

양쯔강에서 바이지 찾기에 나선 6개국 해양생물 학자들
한 달 반 동안의 집중적인 수색에도 바이지는 관찰되지 않았다. (사진출처 : baiji.org)

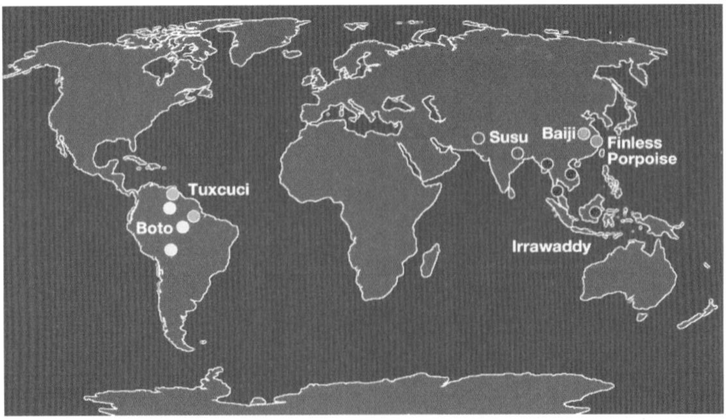

세계 민물돌고래 분포 지역
이들 분포 지역 가운데 바이지는 첫 번째로 멸종한 돌고래가 됐다.

희귀한 생물이다. 중국인들은 이 돌고래를 '양쯔강의 여신' 이라며 신성시해 왔다. 전세계에서 바다가 아니라 민물에서 서식하는 돌고래는 아마존과 메콩강, 인더스강에 이어 양쯔강이 전부일 정도로 그동안 바이지의 생존은 여러 가지 의미를 지니고 있었다.

조사에 참가했던 과학자들은 양쯔강 돌고래가 환경오염과 대규모 개발 등으로 인해 멸종된 것으로 추정하고 있다. 특히 양쯔강을 오가는 선박에서 쏟아지는 소음도 음파를 이용해 생활하는 양쯔강 돌고래의 멸종을 채촉한 것으로 보인다고 설명한다. 댐공사 이후 최대 1만 톤급의 대형 선박까지 연간 22만여 척의 배들이 오가면서 돌고래의 신경계통에 심각한 장애를 일으켰을 가능성이 높은 것이다. 이와 함께 185m의 거대한 샨샤댐으로 가로 막혀 상 · 하류로 이동이 불가능해진 것 또한 멸종을 부추겼을 가능성이 높다.

양쯔강 돌고래는 1950년대만 해도 서식 개체수가 6000여 마리에 달했지만 지난 1980년대 400마리 그리고 샨샤댐 공사가 본격화된 지난 1997년에는 13마리만 발견됐다. 이 때부터 양쯔강 돌고래는 종족 보존에 필요한 최소 개체수 25마리조차 채우지 못해 멸종은 사실상 기정사실화된 상태였다. 이로서 양쯔강 돌고래는 사람의 개발과 오염행위로 멸종된 첫 번째 바다 포유류가 됐다.

이후 국제자연보호연맹(World Conservation Union)은 양쯔강 돌고래에 대한 공식 멸종을 선언했으며 UNEP(유엔환경계획)는 2007년을 '돌고래의 해' 로 선포했다.

샤오샨샤를 자유롭게 오가는 원숭이 무리

이런 얕은 계곡에서 먹이를 찾고 무리 간 상호 교류를 해왔다. 하지만 계곡이 호수로 바뀌면서 더 이상 이런 모습은 볼 수 없게 됐다.(사진 : 중국양쯔강샨샤공정개발총공사)

● 샨샤 원숭이의 근친교배

'단장(斷腸)' 이라는 고사성어가 있다. '창자가 끊어질 정도로 애끓는 사연' 을 두고 하는 말인데 이 고사성어는 샨샤의 원숭이에게서 유래된 것이다.

진(晉, BC317~420)나라, 정확히는 동진시대 환온(桓溫)이 촉(蜀)나라를 공격하기 위해 샨샤 협곡을 지날 무렵 병사 한 명이 원숭이 새끼를 사로잡아 왔다. 이때 어디선가 어미 원숭이의 구슬픈 울음소리가 들리더니 샨샤의 험준한 협곡을 건너뛰며 타고 있던 배를 쫓아오기 시작했다.

단 한 번도 애절한 울음소리를 멈추지 않은 채 어미 원숭이의 처절한 추격은 물살을 헤치며 삼 일 밤낮 동안 계속됐다. 100여 리를 더 갔을까 배가 협곡에 다다르자 기어이 어미 원숭이는 배 위로 뛰어 올라왔다. 하지만 그 순간 어미 원숭이는 곧바로 피를 토하며 죽고 말았다. 한 병사가 죽은 어미 원숭이의 배를 가르자 창자가 토막토막 끊어져 있었다. 자식을 잃지 않으려는 애절한 모성이 창자를 끊어 버린 것이다.

하지만 모성이 이보다 더한 어미 원숭이라 할지라도 이제 더 이상 새끼 원숭이를 쫓아 갈 수가 없어졌다. 샨샤의 물이 차오르면서 이들 원숭이의 수영 실력으로는 너무 넓어지고 깊어진 양쯔강의 물을 건널 수가 없게 된 것이다.

우샤(巫山) 현에서 옆으로 잠깐 빠지면 샨샤의 웅장함을 그대

샨샤의 깊은 협곡 나무에 앉아 있는 샨샤 원숭이

샨샤의 원숭이들은 넓고 깊어진 샨샤의 협곡을 건널 수가 없다.

옥수수가루

샤샤의 원숭이들은 독자적으로 먹이 찾기가 어려워지자 사람들이 주기적으로 주는 옥수수 가루에 의존하고 있다.

로 빼닮은 샤오샨샤가 나온다. 이곳에선 각 봉우리마다 원숭이가 많게는 40~50마리씩 무리를 지은 채 자신들의 영역을 지키며 살아가고 있다. 이 계곡에 들어서면 강 옆으로 원숭이들의 울음소리가 메아리가 돼 울려 퍼진다. 한때 이들 원숭이들은 개울물처럼 흐르던 샤오샨샤 계곡에서 더위를 식히고 먹이를 찾곤 했다. 그리고 다음 세대가 번식 능력을 지니게 되면 다른 무리와의 교류도 틈틈이 이루어졌다. 하지만 계곡물이 최대 175m까지 불어나면서 각 무리 사이에 더 이상 오갈 수 없게 돼버렸다. 샨샤댐으로 불어 난 물이 원숭이들에게는 무리 사이에 교류를 할 수 없는 생태계의 단절을 불러온 것이다. 이로 인해 그 무리 내에서만 번식이 이루어져야 하는 처지에 놓였다.

또 다른 문제는 원숭이들이 자연 상태에서 찾는 먹이들이 물 속으로 사라져 버린 것이다. 보통 원숭이들은 계곡 사이에서 가재 등을 잡아먹든지 나무열매와 풀뿌리 등을 먹이로 했었다. 하지만 수몰로 인해 먹이가 되는 계곡과 나무 등이 대부분 사라진 것이다. 이런 이유로 지금은 인위적인 먹이 공급이 이뤄지고 있다. 각 무리마다 특정 장소를 정해 일정한 날짜와 시간대에 그 장소에 먹이를 갖다놓는 것이다. 우샤 현에서 원숭이들에게 먹이 주는 일을 맡은 한 직원은 "먹이 공급을 중단할 경우 이들 원숭이가 살아남을 수가 없다"는 말을 남겼다. "특히 갈수록 새끼들의 숫자가 감소하고 있으며 행동이 활발하지 못한 원숭이도 많이 보인다. 머지않아 샨샤 원숭이를 보기가 점점 더 힘들어질 것이다"라고 말했다.

시인 이백이 유배지에서 풀려나 들뜬 마음으로 샨샤를 건너면서 지은 시에도 샨샤의 원숭이가 나온다.

早發白帝城(조발백제성)
朝辭白帝彩雲間(조사백제채운간)
兩岸猿聲啼不住(양안원성제불왕)
千里江陵一日還(천리강릉일일환)
輕舟已過萬重山(경주이과만중산)

아침에 백제성을 떠나며
아침나절 채색구름 뜬 백제성을 떠나
양안의 원숭이 울음소리 그치지 않는데

천리 길 강릉을 하루 만에 돌아왔네
가벼운 조각배는 벌써 만중산을 지나는구나

하지만 오랜 세월 양안에 울려 퍼지던 원숭이 울음소리는 샨샤 댐으로 서서히 잦아들고 언젠가 물소리에 갇혀 사라질지도 모른다.

국선 첸원푸가 현장에서 필자에게 써준 이백의 시 '조발백제성'

|3부|

6300km를 흘러 온 양쯔강은 상하이 앞바다에서 황해와 만나 초당 평균 2만 8천여 톤의 담수와 퇴적물을 황해로 쏟아 낸다. 황해와 동중국해는 양쯔강에서 내뿜는 황토색의 담수에 의존해 왔다. 하지만 샨샤댐은 이 강물의 양을 줄이면서 황해 생태계에 큰 변화를 몰고 왔다. 퇴적물이 지속적으로 공급되지 않으면서 갯벌마저 침식당하고 있다.

샨샤댐, 황해의 젖줄을 끊다

정치망에 들어찬 전갱이 무리
황해를 시작으로 한 주변 바다는 양쯔강에서 공급한 유기물질로 황금어장이 형성된다.

5 양쯔강 황해를 먹여 살리다

• 양쯔강의 황톳물은 바다 생물의 영양분

6300km를 흘러 온 양쯔강은 상하이 앞바다에서 황해와 만난다. 이때 양쯔강은 초당 평균 2만 8천여 톤의 담수와 퇴적물을 황해로 쏟아 낸다. 양쯔강이 누런 황토색을 띠는 것은 담수에 각종 유기물질이 포함돼 있기 때문이다. 황해는 양쯔강이 쏟아 내는 이 풍부한 유기물질로 독특한 생태계를 이루고 있다.

필자는 지난 2003년 국립수산과학원 원격탐사실에서 아주 독특한 한 장의 위성사진을 볼 수 있었다. 육지는 검은색으로 단순화된 반면 바다는 주황색이 부분적으로 분포돼 있는 사진이었다. 당시 원격탐사실장이었던 서영상 박사는 "바다가 강물과 얼마나 밀접한 생태적 연관성을 맺고 있는가를 보여주는 영양염류 분포 사진이다"라고 말했다. 즉 강과 갯벌이 많은 한반도 서해안과 중국 대륙의 발해만 그리고 양쯔강 하구 앞 바다를 중심으로 주황색의 영양염류들이 집중적으로 분포되어 있었다. 영양염류는 동물성

영양염류인 클로로필-a의 위성사진

사진에서 붉은색은 영양염류를 나타낸다. 양쯔강에서 나온 담수가 황해에 많은 영양분을 제공해 주는 것을 확인할 수 있다.(사진제공 : 국립수산과학원 원격탐사실)

플랑크톤의 먹이가 되는 생태계 고리의 기본 영양소에 해당한다. 이 사진대로라면 강은 바다에 빼놓을 수 없는 영양분을 공급하는 젖줄이 되는 것이다.

필자는 무엇보다 이 사진에서 양쯔강의 위력을 새삼 확인할 수 있었다. 양쯔강 물이 황해로 뿜어져 나가는 흐름에 따라서 영양염류의 농도가 높다. 그 영향력의 범위는 황해의 일부분이 아니라 사

영양염류가 이동하는 모습
황해에서 나온 영양염류는 해류를 타고 황해 전체로 이동한다.
(사진제공 : 한국해양연구원)

실상 전부라고 해도 될 정도다. 농도가 짙은 부분은 집중적인 영향을 받는 지역이며 색깔로 농도를 표시할 수 없는 곳도 양쯔강의 담수가 확산되면서 영양염류를 공급하고 있다. 이것은 양쯔강이 황해 생태계 전체에 엄청난 영향을 미치는 요인임을 알 수 있는 것이다. 무엇보다 양쯔강은 황해 전체로 쏟아져 나오는 담수의 80%를 차지하고 있다.

홍수기에 찍은 위성사진

양쯔강은 상하이를 거치면서 황해와 만난다. 이때 양쯔강은 초당 평균 2만 8천여 톤의 담수를 바다로 쏟아낸다. 많은 유기물이 포함된 양쯔강은 황해를 시작으로 멀게는 한반도 동해까지 영향을 미친다. (사진출처 : 미항공우주국)

홍수기인 여름철에 찍은 위의 위성사진을 보면 양쯔강의 누런 황톳물이 황해 전역에 걸쳐 있으며 제주도와 한반도 서남해 그리고 동중국해 멀게는 한반도 동해까지 영향을 미친다. 양쯔강이 뿜어 낸 담수는 염분이 낮아 바닷물과 잘 섞이지 않은 채 떠다닌다.

황해의 생태계는 풍부한 유기물이 섞인 양쯔강의 담수에 의존하면서 독특한 바다 환경을 유지하고 있다. 황해와 서해, 동중국해가 어족 자원의 보고가 될 수 있는 것도 치어들의 먹이가 되는 영양염류 등 유기물질이 양쯔강에서 풍부하게 공급되기 때문이다. 하지만 저염분에 익숙한 황해 생태계도 지난 1996년 여름 양쯔강 대홍수로 엄청난 양의 담수가 일시에 황해로 쏟아져 나오면서 제주도 부근에서는 소라와 전복 등 이동성이 떨어지는 패류들이 대량 폐사하는 일이 빚어지기도 했다. 그만큼 황해는 오랜 세월 양쯔강과 뗄 수 없는 관계를 형성해 오고 있다.

황해를 시작으로 한 주변 바다는 양쯔강에서 공급한 유기물질로 황금어장이 형성된다.

유기물질이 풍부한 연안 앞바다는 많은 치어들의 먹이터이자 생육장이 된다.

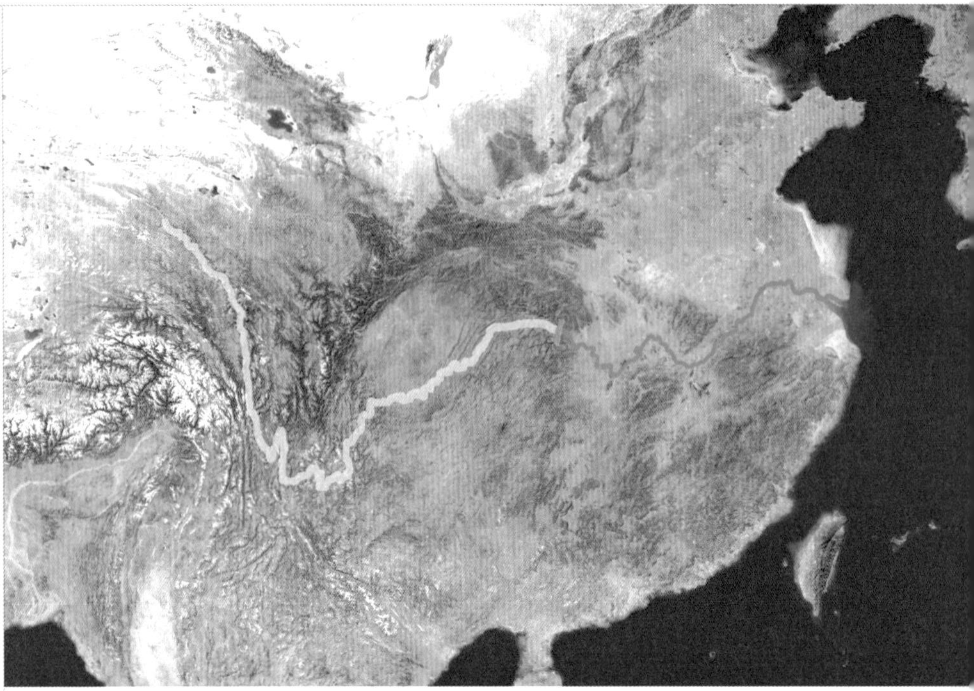

샨샤댐이 들어서는 곳은 내륙의 이창이다. 양쯔강은 샨샤댐에서 하구인 상하이까지 1380km를 더 흘러내린다. (그래픽 : 경성대 디지털대학원)

샨샤댐은 정상적인 양쯔강 흐름에 많은 변화를 미쳤다. (사진출처 : 미항공우주국)

6 황해의 이변

● 황해 염분이 높아지다

샨샤댐이 건설되면 황해로 쏟아지는 양쯔강의 유출량 변화가 있을까? 그 답은 '변화가 있다' 이다. 양쯔강 하구에서 샨샤댐까지의 거리는 1380km에 달한다.

샨샤댐의 물막이 공사가 끝난 시점은 2003년 6월이다. 이후 그 해 10월부터 샨샤댐이 본격적인 물가두기를 시작하면서 양쯔강의 황해 방류량은 그 다음해인 2004년 여름부터 평년과 차이를 보이기 시작했다. 2004년 측정 결과 홍수기인 5월부터 8월까지 월평균 방류량이 평년보다 초당 1000톤에서 많게는 15000톤이 줄어든 것으로 확인됐다.

황해로 흘러들어가는 양쯔강 담수의 방류량이 줄면 어떤 현상이 빚어질 수 있을까? 이 질문은 초등학교 1학년에게 물어 봐도 바로 답을 얻을 수 있을 것이다. 줄어든 담수는 황해의 소금기 희석률을 떨어뜨려 염분 농도가 높아진다. 여기서 먼저 양쯔강이 어떻게 황해에 영향을 미치고 염분 변화에 관여하는 지 살펴보자.

한국해양연구원 김창식 박사팀은 2004년 5차원 시뮬레이션을 통해 양쯔강의 담수 확산모델을 만들면서 새로운 사실을 밝혀냈다. 즉 양쯔강 물이 황해에 그대로 흡수되면서 희석되는 것이 아니라 거대한 렌즈 모양을 이루면서 바닷물 위로 떠다니다가 확산되고 있는 것이다. 이 렌즈 모양의 거대한 담수띠를 전문 용어로 CDW(ChangJiang Diluted Water)라 한다.

처음에는 하나의 거대한 물줄기처럼 CDW를 형성한다. 그리고 동쪽으로 확산되면서 한꺼번에 바다로 확산되는 것이 아니라 작은 CDW로 분산되며 떨어져 나간다. 그리고 독립된 CDW는 더 작은 CDW를 이루며 계속 확산돼 나가는 것이다. 그리고 담수로 이뤄진 이 CDW는 해상풍의 방향에 따라 우리나라 근해로 이동하거나 중국 해안을 따라 남하한다. 즉 북서풍이 강한 1월~4월과 9월~12월은 양쯔강 희석수가 중국 연안을 따라 남하한다. 그리고 남풍과 동남풍이 강한 여름철인 5월~8월은 동쪽이나 북동쪽 방향으로 이동한다. 처음 CDW 형태로 된 양쯔강 담수는 그 두께만 30~50m가 훨씬 넘는다. 그리고 해류를 타고 서서히 바닷물과 합쳐지면서 그 두께는 줄어들고 마침내 사라지게 된다.

한국해양연구원 가상해양환경센터
5차원 시뮬레이션 운용이 가능한 이곳에서 양쯔강이 황해에 어떻게
작용하는 지를 구현해 냈다.

시뮬레이션 연구진들
왼쪽 까만 양복이 김창식 박사, 오른쪽이 필자다.

양쯔강에서 나온 담수가 황해에 확산되는 모습

2003년 8월 한 달 간 양쯔강에서 나온 담수가 황해에 확산되는 모습을 시간적으로 알 수 있다. 사진의 파란 부분이 양쯔강 담수이며 오른쪽은 제주도에 해당한다.

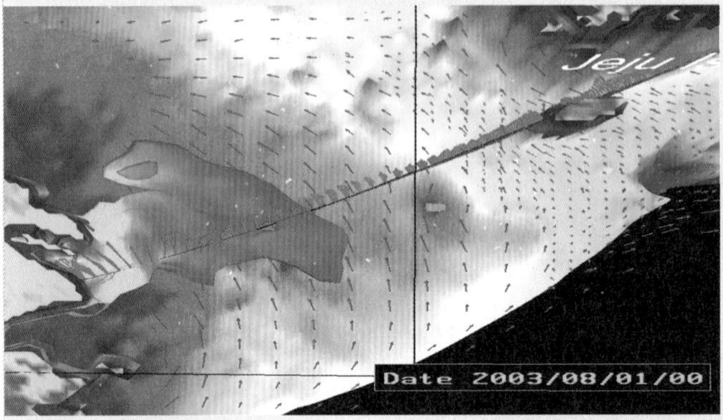

8월 1일

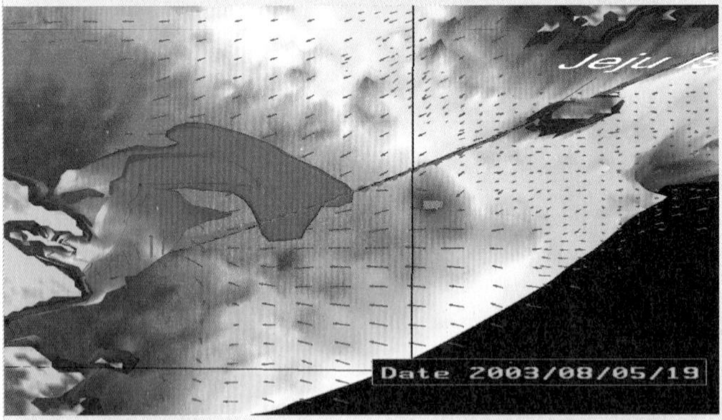

8월 5일

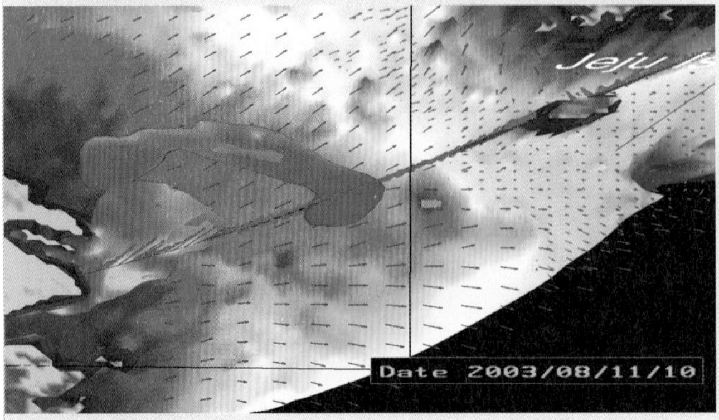

담수가 흩어지지 않고 긴 띠를 이룬다.
8월 11일

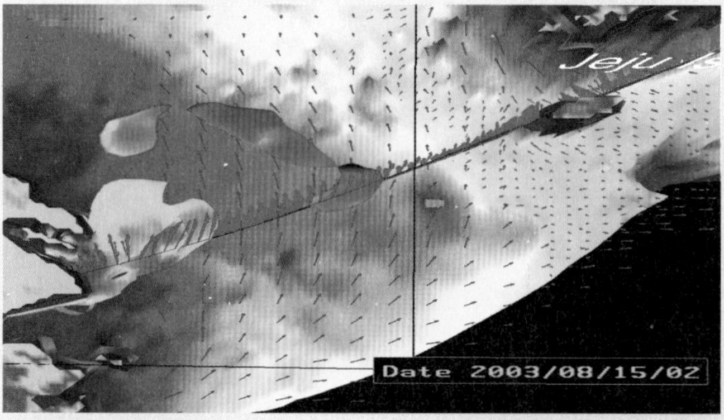

담수는 커다란 몇 개의 띠를 이루며 황해 수면 위를 떠다닌다.
8월 15일

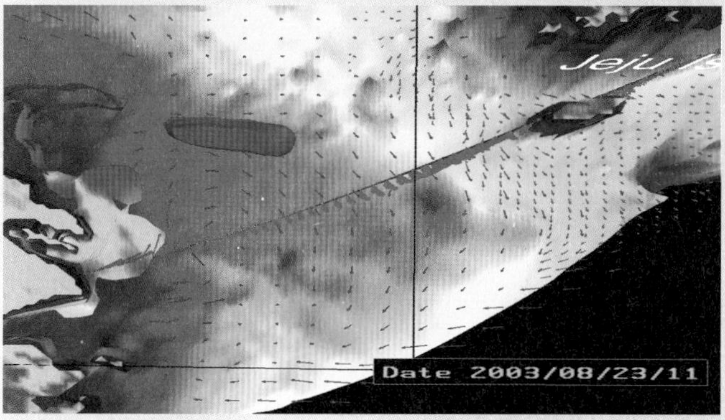

담수는 제주도로 확산되어 갔지만 여전히 큰 띠를 형성한 모습이 보인다.
8월 23일

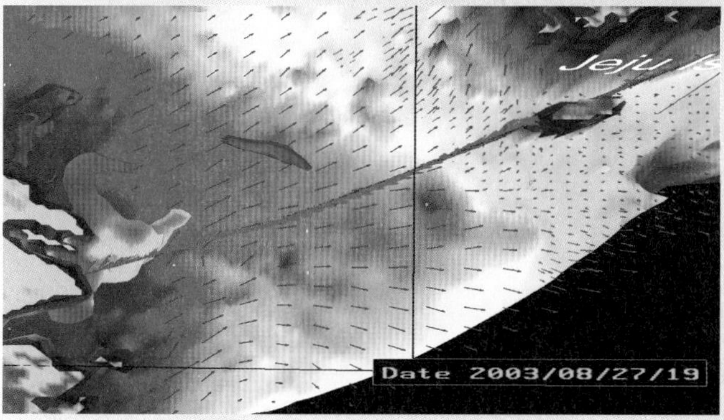

양쯔강 담수가 황해 전역으로 확산되면서 바닷물과 혼합된다.
8월 27일

국립수산과학원 서영상 박사팀은 샨샤댐 물가두기 공사를 전후한 지난 2002년과 2003년 8월 제주도 남동쪽의 한 지점에서 이 CDW의 두께를 측정하는 것으로 양쯔강 담수 변화를 조사했다. 이 결과 2003년 염분 34‰ 이하의 해수층 두께가 평년 평균 50m보다 크게 줄어든 35m에 불과했다. 그 해 여름 태풍 등 여러 변수가 작용했지만 이후 양쯔강 희석수의 두께가 현저히 줄어들었다는 보고는 여러 조사에서 확인되고 있다. 이것은 샨샤댐이 황해로 흘러 들어가는 양쯔강의 물 공급량을 줄였음을 말해 준다. 이로 인해 저염분의 생태계를 이루고 있던 황해가 조금씩 짜지고 있는 것이다.

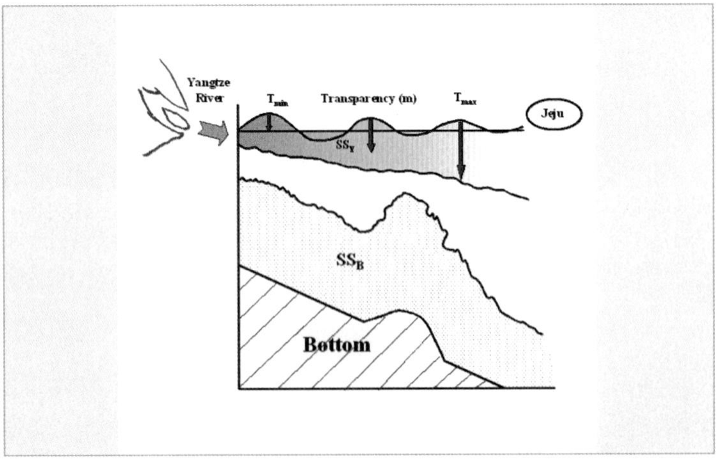

양쯔강 담수의 단면도

주황색이 양쯔강에서 흘러나온 담수이다. 이 담수는 황해와 곧바로 혼합되지 않고 물에 떠다니며 이동한다. (그래픽 : 국립수산과학원 서영상 박사)

바닷물이 짜지고 있다

황해로 흘러드는 양쯔강 담수의 감소는 황해를 짠물로 만들고 있다. 샨샤댐이 물가두기를 시작한 지난 2003년 8월 국립수산과학원 서영상 박사팀이 제주도 서쪽 해상 부근에서 염분 농도를 관측했다. 그리고 그 결과는 아주 뚜렷할 정도로 염분 변화를 일으킨 것으로 확인됐다. 같은 지점의 염분 농도가 평년보다 1.13‰이 높아진 것이다. 이 같은 초기 조사 이후 양쯔강의 염분은 태풍 등 여러 요인으로 많은 변동 폭을 보였다. 하지만 전문가들은 양쯔강 물이 줄어들면 염분이 높아지는 것은 당연한 현상으로 수년 이내에 염분 변화의 유의미한 결과치는 보기 힘들어도 지속적인 상승으로 이어질 것이라는 분석을 내놨다.

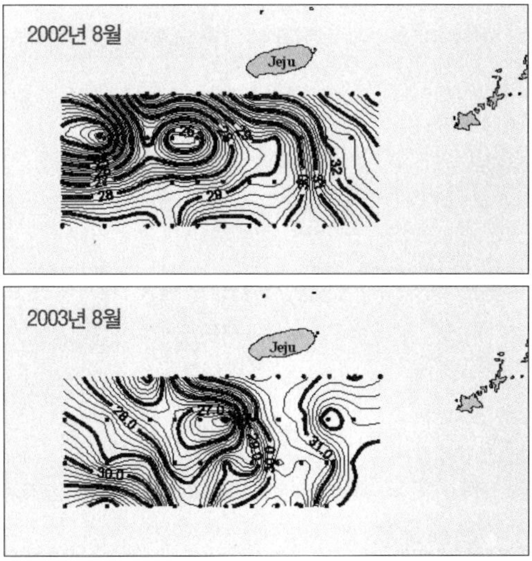

샨샤댐이 물가두기를 시작한 1년 후 제주도 남서쪽 해역의 염분 농도가 높아진 것으로 확인됐다.
(그래픽 : 국립수산과학원 서영상 박사)

필자는 여기서 흥미로운 실험 한 가지를 상상했다. 바다의 염분이 높아지면 생물들에게 어떤 영향을 미칠 수 있는가를 알아보고 싶었기 때문이다. 그리고 그 영향은 TV화면에 효과적으로 포착될 정도로 뚜렷하게 나와야 했다. 하지만 국내에서는 아직 염분 변화가 생태계에 미치는 이 같은 실험 자체가 없다는 것을 확인했다. 그리고 이와 관련한 데이터 또한 구하지 못하면서 필자의 상상은 상상실험으로만 그칠 위기에 봉착했었다. 이런 가운데 국립수산과학원 남해연구소 신윤경 박사와 극적인 만남이 이루어졌다.

신 박사는 평소 염분과 패류에 대한 다양한 실험을 독자적으로 추진해 왔었다. 그리고 신 박사 또한 샨샤댐으로 인한 황해의 염분 변화가 장기적으로 생태계에 어떤 영향을 미칠 수 있는지에 대해 관심을 보이고 있었던 상태였다. 의기는 곧 투합되었고 색다른 실험이 곧바로 시도됐다. 신 박사는 아직 한 번도 선보이지 않았던

염분 변화에 따른 어류의 적응력 실험을 맡은 국립수산과학원 신윤경 박사

실험1 실험 어류로 남해의 대표 어종 가운데 하나인 쥐치와 용치놀래기를 사용했다. 실험은 30분 단위로 한 시간 동안 혈액 속의 용존산소량을 측정했다. 추가 산소 유입을 막기 위해 특수하게 고안된 장치를 사용했다.

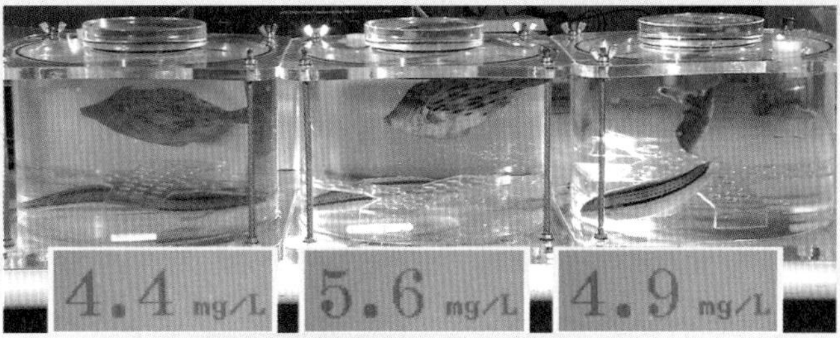

실험1 결과 사진에서처럼 고염분에서 산소 소모량이 가장 많은 것을 알 수 있다. 이 같은 수치는 어류가 그만큼 고염분에 적응하기 위해 삼투압 농도를 외부 바닷물과 맞추려고 심각한 스트레스와 에너지를 소모했다는 증거가 된다.

실험2 피조개와 전복을 이용한 패류 실험에서도 결과는 고염분에서 심각한 장애를 일으키는 것으로 나타났다.

이 실험을 위한 도구를 착안해 제작했다. 원형으로 만든 투명한 아크릴에 산소 공급을 막았다. 여기에 실시간으로 물 속 산소량을 측정하는 용존산소측정기를 달았다.

실험은 정상 염분 농도와 고염분 그리고 저염분에 놓인 어류의 혈액 용존산소량을 측정하는 것이다. 쥐치와 용치놀래기 등 어류와 움직임이 느린 전복과 피조개 등 패류를 사용했다. 실험의 결과는 아주 흥미로운 결과로 나타났다. 33‰의 정상 염분 농도보다 비교적 높은 42‰의 고염분에서 혈액 속의 용존산소량이 크게 떨어진 것으로 확인됐다.

이것은 어류가 고염분에 적응하기 위해 혈액을 외부의 바닷물 농도와 맞추기 위해 많은 스트레스를 받으면서 과다하게 에너지를 소모했다는 것을 말해 준다. 이 과정에서 많은 산소가 소모되면서 어류의 생존율을 떨어뜨리게 되는 것이다. 특히 고염분 수조의 용존산소량도 정상염분보다 크게 떨어진 것으로 확인할 수 있었다. 어류가 많은 스트레스를 받으면서 결국 물 속의 산소도 많이 소비해 버린 것이다.

이 같은 실험 결과는 바닷물이 짜지기 시작하면 이곳에 살고 있는 해양 생물들에게 심각한 영향을 미칠 수 있음을 말해주는 것이다. 이 같은 실험은 어류뿐 아니라 전복과 피조개에 대해서도 같은 결론을 얻을 수 있었다.

샨샤댐이 들어서면서 시작된 황해의 고염분은 복잡한 해양생태계의 고리에 어떤 식으로든 영향을 미칠 가능성이 지금으로서는 아주 높다는 게 전문가들의 진단이다.

황해가 뜨거워지다

밀레니엄이 시작되던 해인 2000년 1월 세계는 '인터넷' 을 화두로 내걸었다. 하지만 불과 4~5년이 지나지 않아 '지구온난화' 는 인류의 미래에 어두운 그림자로 자리잡고 있다. 그리고 지구온난화를 증명하는 대표적인 현상들로 바다 수온 상승을 꼽고 있으며 이는 현실로 나타나고 있다. 한반도 연안 해역만해도 동해 남해 서해 할 것 없이 무려 1도에 가까운 수온이 높아진 것으로 확인됐다.

이로 인한 문제는 당장 지난 2002년 초가을 한반도에 몰아닥친 '태풍매미' 를 떠올리면 된다. 뜨거워진 바다를 에너지원으로 '태풍매미' 는 북상하면서 더욱 강해져 한반도 남동쪽을 관통해 버린 것이다. 그로 인한 피해는 순간 초속 60m라는 아직 겪어 보지 못한 강한 바람의 피해를 입혔다. 여기에 거대한 컨테이너 크레인은 물론이고 한때 고층 아파트와 해안에 접해 있는 아파트의 가격이 하락하는 현상까지 이어졌다. '태풍매미' 가 동반한 강한 바람이 해안가 고층 아파트의 창문을 부숴 버렸던 것이다.

위성사진을 보면 한반도 주변이 지난 10년간 얼마나 수온이 올라갔는지를 알 수 있다. 특히 2004년 8월에 찍은 남해와 제주도 부근 사진은 열대 바다라고 해도 무색할 정도로 뜨거운 바다를 보였다.

샨샤댐은 뜨거워지고 있는 한반도의 바다를 더 달구는 촉매제가 될 가능성이 높다.

양쯔강 희석수의 양이 많으면 흩어지지 않고 렌즈와 같은 거대한 층을 이루며 떠다닌다. 그리고 이 희석수 즉 CDW는 태양빛을

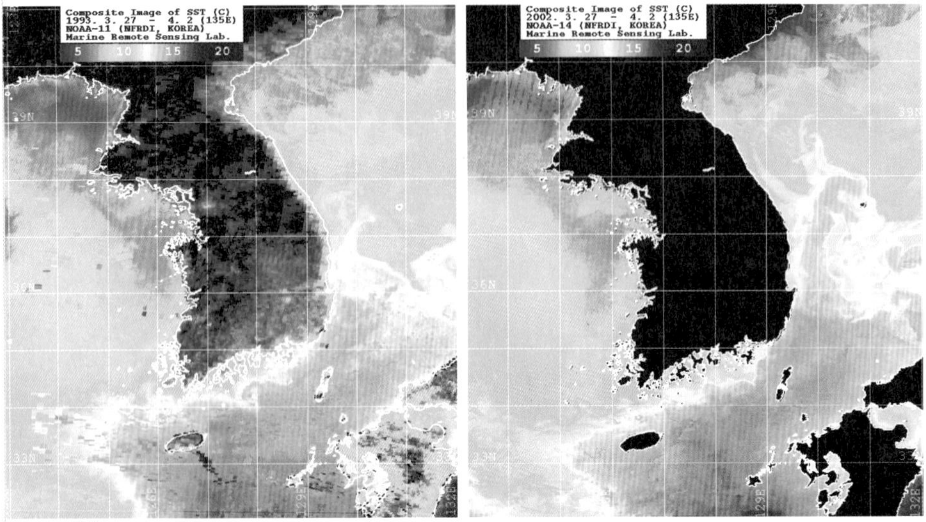

한반도와 주변 바다의 위성사진
왼쪽은 1993년 봄, 오른쪽 사진은 2002년 봄 수온이다. 불과 10년 사이 주황색의 따뜻한 물이 38도선 위까지 올라왔다. (사진 : 국립수산과학원 원격탐사실)

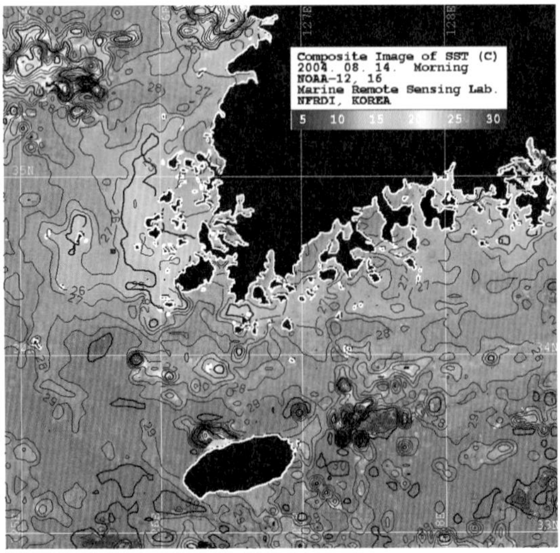

2004년 8월 제주도와 남해 부근의 바다표면 온도, 열대 지방과 다를 바 없는 30도에 육박한다.

일정 부분 반사해 바다 온도가 높아지는 것을 막는다. 하지만 황해로 흘러들어오는 양쯔강 희석수의 양이 줄면서 황해의 바닷물과 쉽게 섞이게 된다. 이 때문에 특히 여름철이면 바다는 복사열을 그대로 받아들이면서 수온이 높아지게 된다. 물론 여기에는 좀 더 복잡한 해양물리와 역학이 숨어있다.

지난 2005년 여름 국립수산과학원의 탐구8호는 한국과 중국 공동으로 황해 전역 36개 지점에 대해 해양 환경 변화를 조사했다. 이 조사는 그동안 국내연안에만 국한되던 한반도 주변 조사를 황해 전체로 확대하면서 더욱 정밀한 데이터를 확보할 수 있다는 데 큰 의미가 있다. 그리고 그 조사 결과는 샨샤댐 물막이 공사 이후 황해의 여러 변화 가운데 수온의 변화가 가장 큰 것으로 나타났다.

탐구8호 황해 조사 장면

조사 결과 황해의 수온은 조사 전 지점에서 2002년 이후 지속적으로 상승한 것으로 나타났다. 이는 지구온난화 등 여러 요인들과 맞물린 결과지만 양쯔강 담수가 줄어든 것이 무시할 수 없는 원인으로 지목되고 있다.

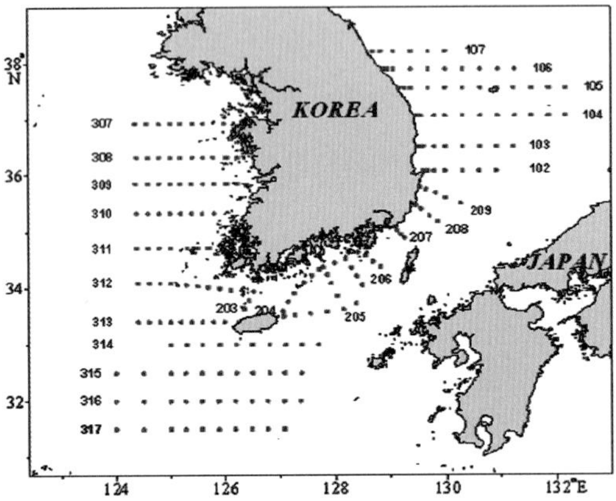

기존 국내 해양 조사 지점
(영해 밖으로는 조사가 불가능하다.)

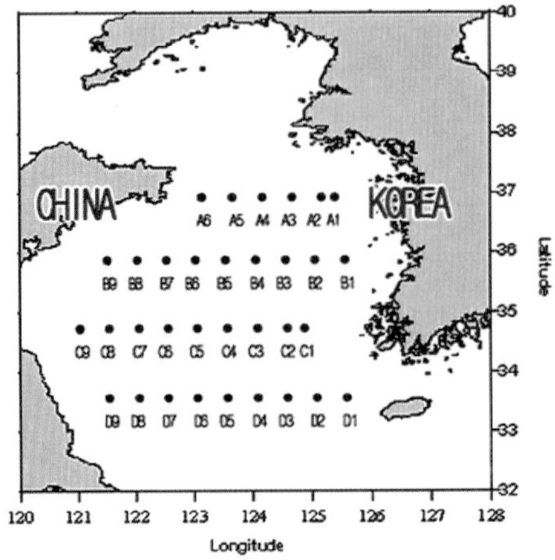

한 · 중 황해 조사 지점
영해 밖에서의 조사가 가능해 가장 신뢰도가 높은 조사 결과를 얻고 있다.

바다가 흐르지 못하고 갇히다

황해는 동서로 약 700km, 남북으로 약 1000km의 크기를 가진 만(灣)의 형태를 띠고 있다. 해저 수심도 아주 낮아 평균 44m에 불과하며 가장 깊은 곳도 100m를 넘지 않는다. 양쯔강 등 중국 연안에서부터 한반도인 동쪽으로 갈수록 서서히 깊어지며 제주도 서편으로부터 황해 중앙부까지가 평균 수심 60~80m로 해류의 주 흐름이 이뤄지는 주 수로가 된다. 황해의 이 같은 낮은 수심은 양쯔강을 비롯해 황하 등 중국 내륙에서 쓸려 내려온 토사가 오랜 세월 퇴적되면서 만들어졌다.

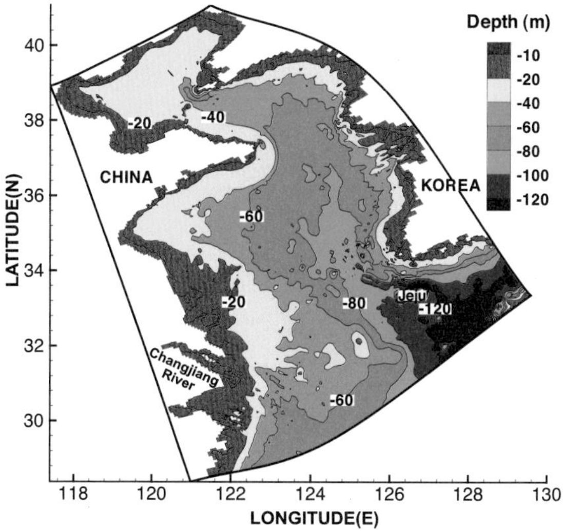

황해는 동서로 약 700km 남북으로 1000km에 달하는 만이다. 사진의 색깔은 수심을 나타내며 황해 전역이 수심 100m를 넘지 않는 것을 확인할 수 있다. (그래픽 제공 : 해양환경연구원 김창식 박사)

2005년 가을 필자는 국립수산과학원 탐구8호에 승선해 황해 공동조사를 취재했다. 당시 탐구8호는 중국 연구자들과 공동조사로 이뤄지고 있었기 때문에 중국 영해를 자유롭게 오갈 수 있었다. 제주도에서 출발한 탐구8호가 중국 해역인 서쪽으로 조사를 진행하며 나아가자 탁한 황토색의 바닷물이 나왔다. 하지만 염분이 거의 없는 담수인 것을 곧 알 수 있었다. 양쯔강 하구인 상하이로부터 300km 이상 떨어진 위치였지만 양쯔강의 위력을 바다 한가운데서 확인하는 순간이었다. 그리고 수심계는 이미 7, 8m를 가리키고 있었다. 탐구8호가 계속 중국 방향으로 향하자 수심은 불과 4m 이내를 나타내고 있었다. 도무지 바다 한가운데라고는 상상이 가지 않는 깊이인 것이다.

탐구8호의 황해 공동조사 모습
사진은 양쯔강의 황톳물이 바다로 덮친 모습이다.

중국 해역에서 비교적 맑은 날씨 속에 진행되던 조사는 다음 조사 지점을 향해 북쪽으로 향하던 도중 북서 계절풍을 만났다. 그리 강한 바람이 아니었지만 황해는 높은 파도를 일으키기 시작했다. 결국 조사가 불가능하다는 판단을 내린 뒤 선박의 안전마저 위협받을 수 있다는 결론에 피항지를 찾아야만 했다. 하지만 남쪽으로 상하이(上海)와 북쪽으로 칭다오(青島)의 중간 지점에 위치해 있던 탐구8호는 결국 300km 북쪽인 칭다오로 목표를 잡았다. 당시 상하이가 좀 더 가까웠지만 맞바람을 받으면서 항해를 해야 배가 안전할 수 있다는 판단 때문이었다.

이후 탐구8호는 무려 20시간을 높은 파도와 싸움을 치르며 칭

수심이 얕은 황해는 바람이 일면 높은 파도를 동반한다. 파도 뒤로 멀리 보이는 도시는 중국의 칭다오이다.

다오로 향했다. 파도에 휩쓸리는 배의 요동은 반잠수정까지 모든 선박을 다 타본 필자를 무색하게 만들었다. 잠을 잔다는 것은 불가능했다. 300톤급의 비교적 큰 탐구8호였지만 거센 파도 앞에서 마치 낙엽과도 같았다. 배가 파도 속으로 빠져들 때는 1층에 있던 필자의 숙소 밖 창문은 잠수함처럼 물 속에서 2~3초를 지내야 했다. 방탄유리보다 더 튼튼한 창문이었지만 부서지지 않기를 기도할 수밖에 없었다. 그리고 창문이 물 밖으로 솟구쳐 올라오면 아주 짧은 안도의 한숨을 내쉴 수 있었다. 하지만 곧 또다시 배는 잠수함이 되기를 반복했다.

선박의 식당에서는 밥솥이며 모든 식기류가 흩어져 나와 요란한 전쟁을 일으켰다. 복도에선 배멀미를 참다못한 연구원의 비명소리가 계속됐다. 그래도 배는 가야 했다. 이럴 때 앞으로 나가지 않으면 전복될 수 있기 때문이었다. 그렇게 아침이 밝았다. 누구 하나 잠을 자지 못한 것 같았다. 아직 흔들리는 배에서 조심스레 복도로 나갔다. 선박의 복도는 식당에서 도망 나온 집기류와 식기류들로 이미 고철장이 되어 있었다. 여기에다 발디딜 곳마저 없을 정도로 배멀미의 잔해물들이 사방에 흩어져 있었다. 곧바로 조타실로 향했다. 그곳 역시 사정은 마찬가지였다. 선장이며 항해사 기관사 모두 한숨도 못잔 얼굴에 여전히 긴장하고 있었다. 파도는 아직도 그 기세를 가라앉히지 않았기 때문이다.

탐구8호의 안전을 책임진 최영호 선장은 "사실상 어젯밤에 전복될 위기를 몇 번 넘겼다. 지금도 아찔하다. 배를 타본 지 30년 만에 이런 파도는 처음이다. 수심이 낮다보니 바람이 조금만 불어도 파도가 높아져 어쩔 수가 없다. 더구나 중국 연안에는 낮은 수심

황해 주변 중국영해에서 만난 중국 어선
갑작스런 높은 파도로 전복 사고가 많다는 게 중국 측 연구원들의 설명이다.

때문에 피항할 곳마저 제대로 없다. 참으로 황해 조사는 어려운 작업이 될 것 같다"라고 말했다. 필자 일행은 흑산도에서 내려 더 이상 황해 파도의 매운 맛을 볼 일이 없어졌다. 하지만 한·중 공동 조사 연구진들은 이후에도 두 차례나 더 조사 도중 이 같은 고난을 겪어야 했다고 전해왔다.

황해의 해류는 동지나해의 고온과 고염분의 쿠로시오 해류와 함께 계절적인 바람의 영향을 크게 받는다. 겨울철에는 북서 계절풍으로 중국 연안 해류와 한국 연안 해류가 해안선을 따라 남하하고 이 빈자리에 황해 난류가 황해 중앙의 주 수로를 따라 북상하면서 시계 반대 방향으로 회전해 중국 연안 해류와 합류하는 모습을 보인다.

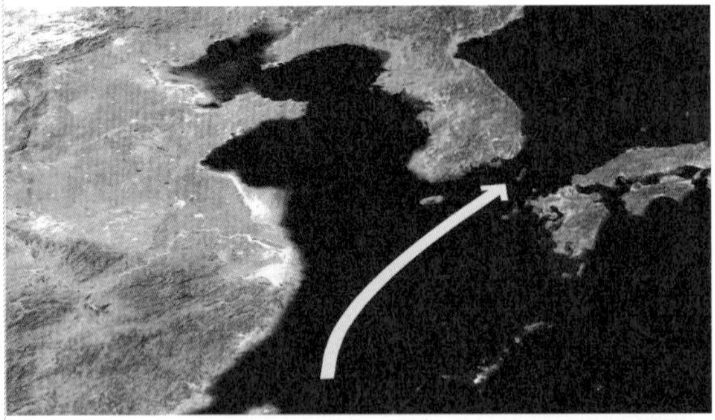

대마난류가 황해 남단을 빗겨가면서 북상한다. 이때 황해는 이 대마난류 때문에 물의 순환이 이루어진다.(여름철 해수 순환의 주요 원인)

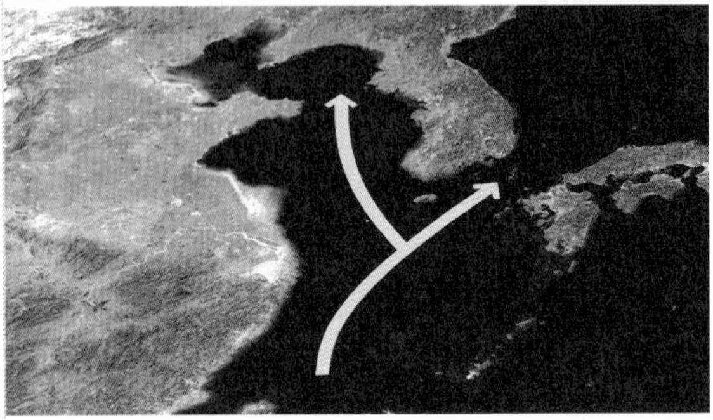

대마난류에서 뻗어 나온 황해난류가 황해 중앙부 수심골을 따라 북상한다.(겨울철 해수 순환의 주요 현상)

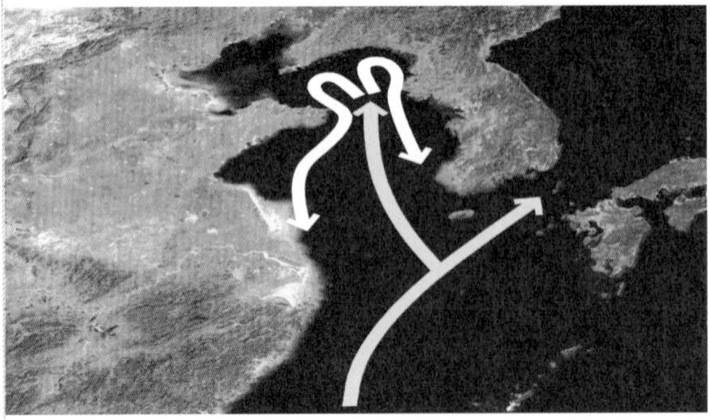

북상한 황해난류와 바람의 영향 등으로 연안 해류는 반대방향으로 떠밀려 내려온다.

여름철에는 강해진 대마 난류의 영향으로 양쯔강 담수의 표층수가 북상하는 대마 난류와 합세한다. 이는 여름철 양쯔강 담수가 황해의 해수를 바깥 해역과 교환하는 역할을 겸하게 되는 것이다.

한국해양연구원 이재학 박사는 "양쯔강 담수의 감소는 황해 해류 순환 기간을 늦춰 바다의 정화 기능을 떨어뜨릴 수 있다"고 주장한다.

바다는 이런 해류의 교환을 통해 정체되고 썩어 가는 물질들을 순환시켜 제 생명을 유지할 수 있게 된다. 하지만 황해 자체가 만의 형태를 띠고 있기 때문에 바닷물의 교환은 지극히 더딘 흐름으로 이뤄지며 평균 4~5년이 소요된다. 하지만 양쯔강 물은 샨샤댐으로 줄어들면서 황해 해류의 순환마저 방해한다는 분석이 나왔다. 한국해양연구원 이재학 박사는 양쯔강 담수의 감소는 장기적으로 평균 1년 정도 황해 해류의 흐름을 더 늦춘다는 예측을 내놨다. 4~5년이면 교환되던 황해의 해수 교체는 5~6년 정도가 돼야 하는 것이다.

해류의 순환 장애는 결국 중국 연안의 공업화로 심각해진 황해 오염 물질의 체류 시간을 늘려 결국 바다의 오염 정화 기능을 떨어뜨리게 된다. 해류의 교환이 원할하지 못하면 여름철 바다 수온 상승이 커질 수 있다. 그리고 뜨거워진 바다 위를 태풍이 지나가면 수증기, 즉 에너지를 공급받을 수 있어 태풍의 강도는 더욱 강해진다. 결국 샨샤댐은 환경 재해의 도미노 이론을 만들어 내는 형국이 되는 것이다.

양쯔강 물과 함께 쓸려 내려오는
토사 (사진출처 : 중국 CCTV 화면)

댐에 가로막힌 토사
이 토사는 호수가 된 댐 안에 갇히면서
고스란히 바닥으로 가라앉는다.

● 국토가 줄어들다

침식되는 갯벌, 한반도 국토가 줄어들다.

6300km에 달하는 양쯔강은 매초마다 엄청난 강물과 함께 토사를 싣고 내려온다. 그 양은 한해 23억 톤에 달한다. 그리고 1960년대 문화대혁명을 거치면서 양쯔강 상류가 대규모 벌목으로 산림이 황폐화되면서 그 양은 갈수록 늘고 있다.

중국 《국립지리학회지》는 양쯔강 상류에서 충칭으로 내려오는 토사가 쌓여 앞으로 20년 후면 충칭의 항구 기능이 폐쇄될 것으로 예상했다. 샤샤댐이 토사의 흐름을 막아버려 물의 흐름이 멈춘 댐 안에 고스란히 쌓이는 것이다.

이와는 정반대로 하류로 흘러가야할 토사가 줄어들면서 상하이 부근 천혜의 삼각주는 침식이 진행되고 있다. 2006년 《뉴사이언스 매거진》 4월호는 샤샤댐 건설이 양쯔강 하류의 토사 퇴적을 절반으로 줄어들게 했다고 보도했다. 지난 1951년부터 2004년까지 양쯔강 삼각주 델타의 토사 침식 데이터를 분석한 결과 샤샤댐 건설이 시작된 지난 1993년 이후 급격한 감소 현상이 나타났다. 인공위성을 통한 분석 결과 양쯔강 삼각주는 1년에 $4km^2$씩 침식되고 있는 것이 확인됐다. 그 침식 속도는 샤샤댐이 물을 가두기 시작하면서 더욱 속도를 내고 있는 것으로 조사됐다. 그리고 상하이 부근 삼각주를 시작으로 침식은 중국 동해안 연안으로 확산될 것이라

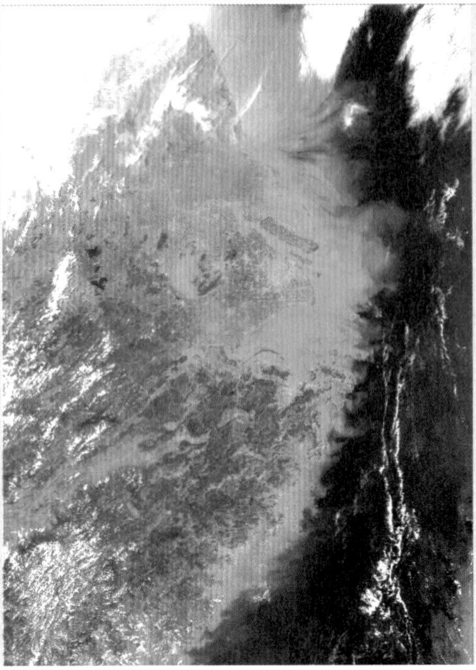

상하이 항 주변의 위성사진
양쯔강의 담수가 줄면서 덩달아 토사의 양이 크게 줄어든 상하이 항 주변 삼각주들은 침식이 일어나고 있다. 사진은 겨울 갈수기가 심했던 지난 2002년 2월 촬영된 것이다. (사진출처 : 미항공우주국)

는 분석이 나오고 있다.

문제는 '중국 연안의 침식이 한반도까지 이어질 수 있느냐?' 라는 것이다. 한반도 남해안과 서해안은 반도의 강물 등과 함께 양쯔강에서 쓸려 온 토사 등이 오랜 세월을 거치면서 갯벌로 형성되었다. 이 갯벌은 세계 4대 갯벌이라 불릴 정도로 높은 생산성을 보이고 있다. 그리고 갯벌 자체는 육지를 지탱해주는 방어막과도 같은 역할을 한다.

한국해양연구원 김창식 박사팀은 샤샤댐으로 한반도의 갯벌이 유실될 가능성이 높다는 가상 시뮬레이션을 내놨다. 가상 시뮬레이션 결과 지금까지 양쯔강 퇴적물로 유지되던 반경 100km의 양쯔강 델타는 수심 30m 이내의 끝자락부터 점진적으로 침식이 일

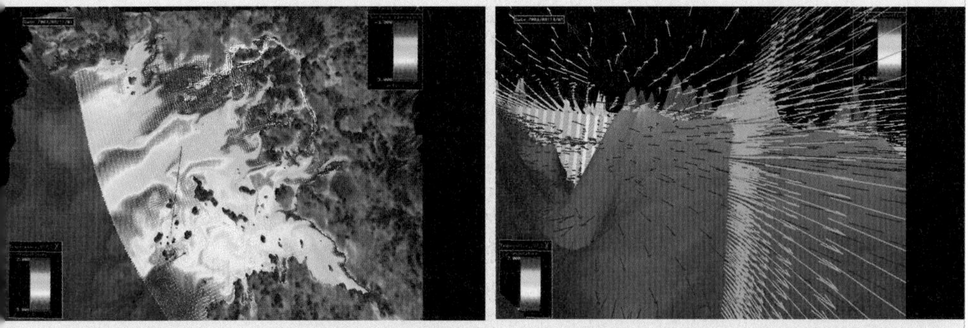

양쯔강으로 유입되는 퇴적토가 차단되면 발생할 수 있는 서해 갯벌의 침식 시뮬레이션
이 시뮬레이션 상으로는 갯벌 침식이 우려할 만한 수준임을 말해준다. 한국해양연구원 김창식 박사는 "이 시뮬레이션이 가상 상황이지만 실제 상당한 영향을 미칠 수 있음을 말해준다. 이는 국토 잠식이라는 새로운 문제로 이어질 수 있다."는 입장을 내놨다. 오른쪽 사진은 수심 20m 이내의 갯벌이 화살표 방향인 바다 쪽으로 유실되고 있는 모습을 보여준다.

어날 것으로 예측됐다. 즉 지속적으로 공급되던 토사가 끊기면서 파도에 의해 침식이 시작되는 것이다. 이런 현상이 본격화되면 황해 주변 해역인 한반도 서해와 남해 연안까지 이어질 수 있는 것으로 분석됐다.

김 박사팀이 서해의 한 지점을 시뮬레이션 하자 수심 20m 이내의 갯벌이 지속적으로 침식되면서 퇴적될 수 있는 것으로 나왔다. 이것이 장기적으로 어떤 영향으로 이어질 지에 대해서는 정확한 연구가 선행돼야 한다. 결국 샨샤댐은 양쯔강 물을 줄이고 토사마저 막아 버려 자칫 국토 잠식이라는 또 다른 문제로 이어질 가능성마저 배제하기가 힘들다.

갯벌에서 패류를 캐고 있는 어민들
낙동강 하구 갯벌은 다양한 생명체들의 서식처다.

갯벌은 철새들의 먹이터이자 휴식처로 이용된다. 갯벌이 사라지면 이들 생명체들도 크게 위협받을 수 있다.
(사진 : 최용부)

낙동강 하구 삼각주

낙동강 하구 삼각주는 상류에서 쓸고 온 토사와 바다가 밀고 온 토사, 파도의 복잡한 상호작용으로 형성된 천혜의 갯벌 지역이다. 하지만 양쯔강의 토사 유출이 줄면서 한반도 서남해안의 갯벌도 침식이 일어날 수 있다는 주장이 제기되고 있다.

● 물고기가 달라지다

양쯔강, 건기와 우기의 차이가 없어진다.

양쯔강은 건기와 우기에 따라 그 배출량이 크게 차이를 보인다. 우기인 지난 1986년 7월 양쯔강의 순간 유출량은 초당 47300톤이었다. 갈수기인 같은 해 1월의 초당 9520톤보다 약 5배가량 차이를 보였다. 우기와 건기인 갈수기의 유량 차이가 어느 곳보다 많은 강이 양쯔강이다. 이로 인해 연간 최대 유출량은 초당 92600톤으로 연간 최소 유출량인 초당 4620톤과 그 차이는 20배에 달한다.

이처럼 양쯔강의 수량은 계절에 따라 큰 차이를 보이며 황해의 생태계는 계절에 따른 양쯔강의 수량에 오랜 세월 적응해 살아왔다. 하지만 샨샤댐은 이러한 계절별 수량의 변화를 막아 버리는 결과로 이어졌다. 여름철은 홍수 조절을 위해서 최대한 샨샤댐의 방류량을 줄인다. 당연히 하류로 흘러가는 양쯔강의 수량은 예년보다 크게 줄어든다. 하지만 갈수기인 겨울철은 전기 생산을 위해 지

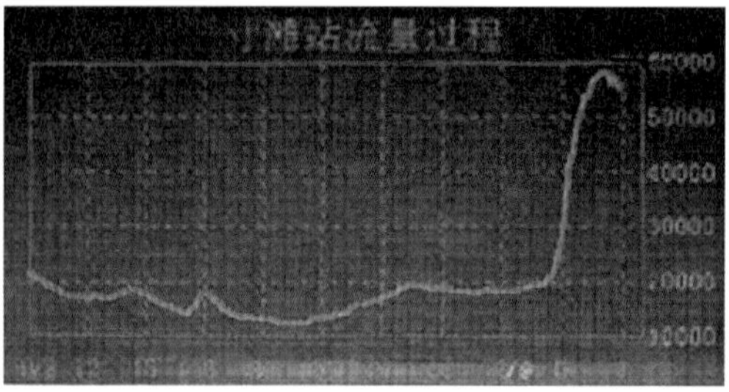

상하이 부근의 양쯔강 방류량 그래프
홍수기인 여름철에 집중적으로 방류량이 많은 것을 알 수 있다. (사진출처 : 부산대학교 해양연구소 이동규 교수)

속적으로 물을 흘려 내보내야 한다. 이로 인해 예년보다 겨울철 수량이 크게 늘어나게 된다. 이것은 계절별로 큰 폭의 차이를 보이던 양쯔강의 수량이 연중 일정한 양으로 바뀌고 있음을 말해 준다.

오랜 세월 계절별 양쯔강의 수량 변화에 적응해 왔던 황해의 생태계가 큰 변화를 보일 수 있는 것이다.

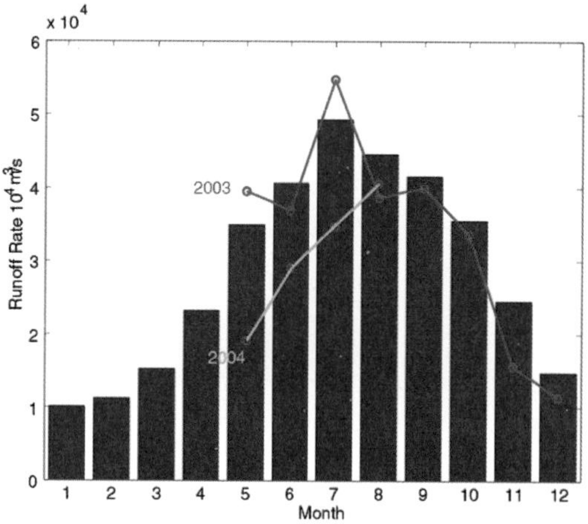

샤샤댐의 물막이 공사가 시작된 2003년 여름 이후 양쯔강 수량은 계절적으로 평준화되고 있다. 파란색 막대그래프는 샤샤댐 물막이 공사 이전 방류량에 해당한다. (그래픽 : 해양수산부)

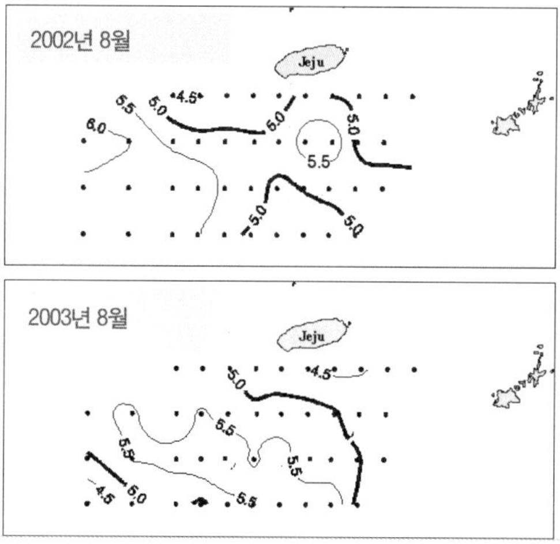

샤샤댐 물막이 공사 이후 변화된 용존산소량(BOD)
용존산소량이 크게 떨어진 것을 알 수 있다. 이 같은 결과에 대한 해석은 다양하지만 해양환경의 변화가 일어나고 있음을 말해주는 수치다. (그래픽 : 국립수산과학원 서영상 박사)

중국 최대 어항 가운데 하나인 저우산 항
초가을에서 초겨울까지 이곳에서는 황해와 동중국해에서 잡아 온 꽃게와 갈치, 조기, 민어 등의 수산물이 넘쳐난다.

꽃게가 비싸질 것이다

1970년대 이집트 아스완댐이 건설되면서 주변 바다의 어획량은 25%가량 감소한 것으로 집계됐다. 강물이 바다에 공급하는 영양물질이 줄면서 먹이량의 절대 부족을 시작으로 해양 생태계가 급격한 변화를 겪은 좋은 예가 된다.

국립수산과학원의 조사 자료를 보면 샨샤댐이 물을 가둔 1년 뒤 해양 생태계의 기초 먹이 공급원인 부유물질이 무려 70%가 넘게 줄어든 것으로 나타났다. 그리고 식물성 플랑크톤의 광합성을 유도하는 엽록소(클로로필-a)도 큰 폭으로 감소한 것으로 조사됐다. 바다에서 먹이양의 절대 부족 사태가 올 수도 있는 것이다.

꽃게 하역작업에 분주한 어민들

이 같은 현상을 잘 보여주는 대표적인 곳이 양쯔강 물의 직접적인 영향을 받는 중국 저우산(舟山) 항이다. 지난 2005년 가을 필자는 이곳 저우산 항을 취재했었다. 저우산 항은 중국 3대 수산어항으로 이곳에서 잡히는 어획물은 상하이는 물론이고 충칭 등 중국 서부내륙 지역과 멀리는 베이징까지 공급된다. 어종도 동중국해의 아열대 어종에서 황해의 전통 어종까지 다양하다.

그런데 이곳 저우산 항은 필자가 방문한 것과 때를 맞춰 꽃게의 '이상 풍년' 이 들었다. 평년보다 무려 40% 이상 꽃게가 많이 잡힌 것이다. 항구로 들어오는 모든 꽃게잡이 배마다 만선을 이루고 있었다. 지나가는 개도 버려진 꽃게를 쳐다보지 않을 만큼 꽃게는 대풍이었다. 당시 위판장에서 만난 모든 이들은 꽃게의 '이상 풍년' 에 들뜬 모습이었다. 위판장에서 만난 한 상인은 "너무 많이 잡혀 가격이 폭락했다. 이곳에서 10년이 넘게 꽃게 중간 상인일을 해오면서 이렇게 꽃게가 많이 잡혀 들어 온 것은 요즘이 처음이다. 잡는 어부들이야 낮은 가격 때문에 좋지 않지만 우리들은 적당한 가격에 팔 수 있어 지금이 최고다"라고 말했다.

하지만 저우산 항에서 만난 어느 누구도 꽃게의 '이상 풍년' 에 대한 이유를 설명하지 못했다. 그리고 굳이 그 이유를 알아야 할 필요도 없었다. 많이 잡히는 것이 적게 잡히는 것보다 어느 모로 보나 좋은 일이기 때문인 듯 했다.

국립수산과학원 자원관리조성본부장인 백철인 박사는 이런 현상을 비관적으로 해석했다. 즉 꽃게의 이상 풍작은 꽃게 자원의 증가가 아니라 해양 생태계의 변화로 인한 일시적인 풍어라는 것이다. 꽃게는 양쯔강 물의 영향을 많이 받는 기수(汽水) 수역에서 성

선별을 기다리며 위판장에 산처럼 쌓여있는 꽃게

장을 한다. 하지만 담수가 줄어들면서 기수 수역도 함께 줄어 든 것이다. 이 때문에 꽃게는 성장 조건에 맞는 좁은 기수 수역으로 몰려들게 된다. 당연히 꽃게의 어군 밀도가 높아질 수밖에 없게 된다. 이로 인해 한 번 그물질에도 평년보다 많은 꽃게가 잡혀 올라오는 것이다. 즉 꽃게의 '이상 풍어' 는 '일시적인 풍어' 일 가능성이 높은 것이다. 샨샤댐이 건설되면서 꽃게가 살 수 있는 해역 자체가 줄고 있는 것이다.

이를 증명이라도 하듯 저우산 항 주변 꽃게 양식장은 꽃게의 폐사율이 크게 높아졌다. 양식장에선 잡은 꽃게를 짧게는 수개월에서 길게는 1~2년 동안 성장시켜 내다 판다. 하지만 이 양식장에 풀어 놓은 꽃게의 폐사율이 계속 높아지고 있는 것이다. 양식장 어민들은 폐사율이 높아진 원인에 대해 어떤 설명도 하지 못했다. 하지만 "최근 들어 많이 죽어나가 골치가 아프지만 많이 잡히기 때문

죽은 꽃게를 건져내고 있는 어민들
이곳 양식장에서는 바다에서 잡은 꽃게를 수개월에서 1년 정도 양식을 통해 크기를 키운 뒤 내다 판다. 하지만 2004년 이후 양식장에 들여온 꽃게의 폐사율이 크게 높아졌다고 양식업자는 전한다.

꽃게 양식장에 공급되는
황해 바닷물

에 큰 문제는 없다"는 말로 대신했다.

황해 바닷물을 끌어다 사용하는 양식장의 경우 고염분과 고수온으로 꽃게가 살 수 있는 환경이 어렵게 된 것이다. 샨샤댐으로 바다 환경이 변하면서 꽃게는 향후 황해에서 더욱 귀한 수산물로 대접받을 지도 모른다.

중국 저우산 항 위판장
다양한 어류들이 선별작업과 함께 이동을 기다리고 있다. 여기에 위판되는 어종들은 동중국해와 황해 등 주로 아열대와 온대 해역에서 어획된 어종들로 다양하다.

열대어 늘고 전통어종 사라진다

샨샤댐의 물가두기 공사 이후 중국 저우산 항 부근 어촌의 특징은 어종에 관계 없이 모든 물고기를 잡는 것이다. 어획량 자체가 감소한 데다 부근 어장의 어종에 대한 예측이 어려워졌다는 게 어민들의 설명이다. 양쯔강 하구를 중심으로 한 기수 수역은 꽃게와 갈치 등의 주요 산란장과 생육장이 위치한 천혜의 황금 어장이다. 꽃게의 경우 양쯔강 하구 남쪽과 한반도 서해안에서 산란하며 11

새우

저우산 항의 수산물

상어

조기는 저우산 항의 대표 어종 가운데 하나다.

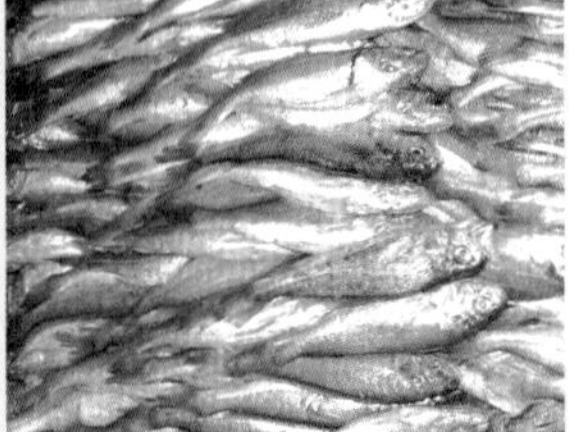

월에서 이듬해 4월이면 동중국해로 이동해 겨울을 난다. 하지만 샨샤댐으로 산란지 자체가 크게 줄어들면서 개체수 자체를 예측하기 어렵게 됐다.

황해 대표 어종인 갈치의 경우도 양쯔강 물의 영향을 많이 받는 곳에서 겨울을 난 뒤 봄과 여름에 걸쳐 서해 특히 발해만까지 올라가 알을 낳는다. 하지만 샨샤댐은 갈치의 산란장과 생육장 모든 곳에 환경 변화를 유발하면서 제주도와 서해에서 잡히는 갈치도 귀한 어종으로 변하고 있다.

황해의 대표 어종인 갈치의 이동 모습
따뜻한 동중국해와 황해 남쪽에서 산란과 성장을 한 갈치는 가을이 시작되면 북쪽으로 무리를 지어 이동해 간다.

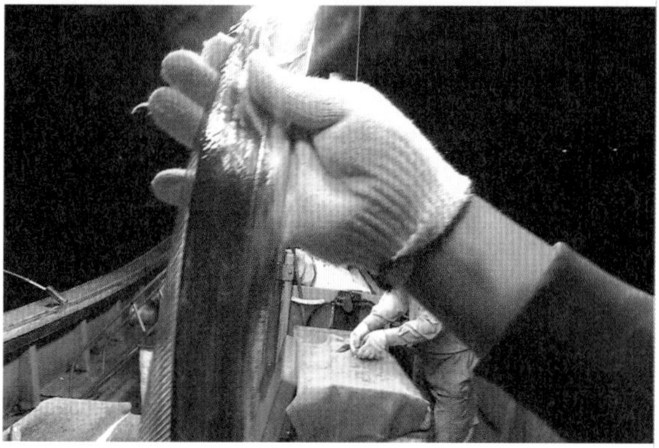

초겨울이면 제주도를 비롯한 서해 해상에는 갈치의 북상 길목에서 집어등을 켠 야간 갈치잡이가 시작된다.

이와 함께 염분이 낮은 해역을 산란장으로 이용하는 특징을 지닌 멸치의 산란 특성으로 미루어 볼 때 양쯔강 유출수의 변화는 멸치의 산란 시기와 해역에 변화를 줄 것으로 추측되어지며 이를 통해 연근해의 멸치 어획량과 자원량 변화에 영향을 줄 것으로 예상된다.

부경대학교 김수암 교수는 "이 같은 황해의 환경 변화는 이동 가능한 어종을 중심으로 황해를 떠나게 만들고 그 자리엔 고수온 열대 어종들이 부분적으로 자리잡는 어종 교체 현상이 시작될 수 있다"는 예측을 내놨다. 그리고 이러한 예측은 현실이 되고 있다는 게 필자의 목격이다.

2004년 여름 필자는 열대 어종 촬영을 위해 사이판으로 날아갔다. 사이판 서쪽으로는 길이 수km의 긴 산호초가 섬을 보호하고 있다. 이 산호초 바다는 남태평양의 다양한 어류들의 서식지이자 먼 바다를 오가는 어류들의 휴식처 역할을 한다. 필자는 이 티니안 산호초 숲에서 아주 독특한 광경을 목격할 수 있었다. 수심 20m

남태평양 사이판 해역에서 촬영한 만타(쥐가오리) 무리
동중국해와 황해에는 아열대 어종과 함께 열대 어종이 어획되는 경우가 크게 늘고 있다.

이내의 얕은 산호초 지대에서 악마의 고기로 이름지어진 만타(devil fish, 쥐가오리) 100여 마리가 집단으로 몰려드는 장면을 촬영할 수 있었다.

다 자란 만타는 몸 길이가 최고 6m에 달해 물 속에서 보면 검고 거대한 악마의 그림자가 다가오고 있는 느낌이다. 최대 1.5톤의 엄청난 몸무게를 지녔지만 위험할 때는 물 위 5m까지 날아오를 정도로 날렵하다. 만타는 사이판과 타이완 하와이에 걸쳐 태평양 먼 바다의 열대, 온대 해역에 분포하며 간혹 여름철이면 제주도와 남해 등에서까지 목격되기도 한다. 이 같은 집단 군무는 1년에 한 번 짝을 짓기 위한 것이다. 우주선이 유영을 하듯 나비같이 넓은 날개로 천천히 유영하며 사이판 산호초 지대로 몰려든다. 하지만 정확한 생태는 아직 미스터리에 쌓여 있다.

열대 바다의 대표 어종인 만타에 대한 호기심이 채 풀리기도 전에 필자는 동중국해에서 다시 조우할 기회를 가졌다. 이번에는 물고기를 잡는 어선의 갑판 위에서였다. 2005년 여름 필자는 제주도에서 쌍끌이 어선을 얻어 타고 이어도 해양과학기지로 향했다. 이어도 해양과학기지는 마라도에서 서남쪽으로 149km 떨어진, 동중국해가 시작되는 곳에 위치해 있다.

이 해역에서는 참조기와 갈치 등을 목표로 집중적인 쌍끌이 조업이 이루어진다. 하지만 필자는 수시간을 끈 뒤 갑판 위로 올라오는 트롤 그물에서 수십 마리의 만타를 만났다. 그 크기만 3~4m로 거대한 이놈들은 쌍끌이 어선들이 전혀 필요하지 않은 어종이었다. 아직 식용에 대한 가치가 없어 내다 팔 수도 없는 어종이다. 따라서 만타가 그물에 올라오면 어민들로서도 난감한 상황에 부딪

황해가 시작되는 지점에 설치된 한국해양연구원의 무인 해양관측기지인 이어도
이어도는 마라도에서 남서쪽으로 149km 지점의 암초 위에 세워져 있다.

동중국해에서 어로작업 중인 쌍끌이 어선 두 시간여를 끈 트롤 그물을 갑판 위에 올리고 있다.

힌다. 잡혀 올라오는 만타는 아직 살아있지만 아가미 호흡을 하기 때문에 곧바로 바다로 보내지지 않으면 죽는다. 하지만 1톤을 넘나드는 무게 때문에 바다로 돌려보내기가 쉽지 않다.

이 쌍끌이 어선의 조충래 선장은 “1995년도부터 만타가 한두 마리씩 어획되다가 2004년 이후부터 이렇게 대규모로 그물에 끌려올라온다. 여름이면 특히 더 많다. 상품성이 전혀 없어 우리로서는 전혀 반갑지가 않는 어종이다. 왜 이렇게 만타가 갑자기 많이 잡히는 지 알 수가 없다.” 필자는 선장의 이 같은 만타의 설명과 함께 그물에 올라오는 어종 가운데 양은 많지 않지만 상당수의 어종이 열대 바다에서 서식하는 종이 포함돼 있음을 확인할 수 있었다. 이들 어종은 지구온난화로 인한 바다 수온 상승 그리고 여기에 샨샤댐이 기폭제 역할을 하면서 서서히 북상하고 있음을 현장에서 목격할 수 있었다.

동중국해 쌍끌이 어선에 어획된 쥐가오리 무리

열대 바다에 주로 서식하는 쥐가오리의 북상이 눈에 띄게 늘어나고 있다. 트롤 그물에 이 같은 열대 어종인 쥐가오리들이 대규모로 끌려 올라오지만 그 무게 때문에 다시 바다로 돌려보내기도 힘든 상황이다. 아래의 쥐가오리들은 날개 길이가 5m 정도로 다 큰 놈들이며 아직 살아 있다.

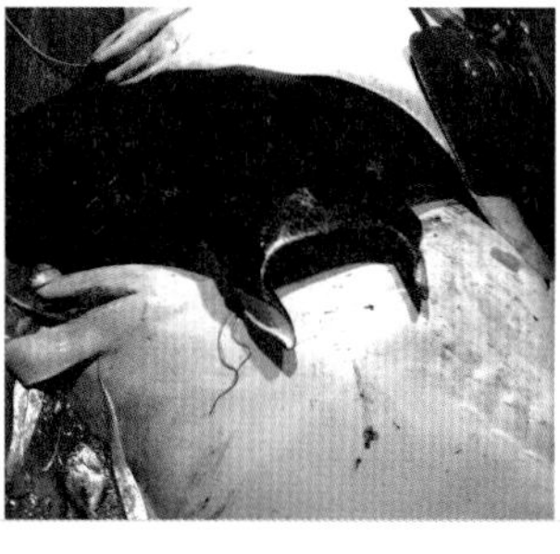

노무라입깃해파리

다 자란 노무라입깃해파리는 무게만 100kg이 넘고 촉수의 길이까지 합치면 10m에 달한다. 사진은 다이버보다 크게 자란 해파리가 해류를 따라 이동하는 모습으로 제주도 지귀도 앞바다에서 촬영했다.

● 샨샤댐, 해파리를 키우다

샨샤댐이 들어서면서 동중국해를 시작으로 황해와 한반도 서남해의 가장 대표적인 현상이 초대형 해파리인 노무라입깃해파리(Nomura' s Jellyfish)의 대량 출몰을 꼽을 수 있다. 머리 지름만 1m가 넘으며 촉수 길이까지 합치면 10m에 달하는 초대형 해파리다. 이 해파리는 지구온난화로 인한 바다 수온 상승의 대표적인 바다 환경 변화의 지표 생물로 꼽힌다. 지난 2003년 이후 '한 · 중 · 일 해파리 공동연구팀' 이 조사한 자료를 보면 이 해파리는 주로 양쯔강 하구역을 중심으로 수심이 얕은 기수 해역에서 집중적으로 산란과 성장 시기를 거치는 것으로 확인됐다. 한겨울 정착 단계인 폴립기를 거친 해파리는 5~6월에 해류를 따라 제주도와 서남해로 북상하면서 성장해 9~10월이면 절정을 이룬다.

국립수산과학원 서해수산연구소 강영실 해양환경팀장은 "샨샤댐이 노무라입깃해파리의 대량 번성을 부채질할 수 있다" 고 주장했다. 샨샤댐은 해파리의 성장기인 봄철에 전력 생산을 위해 담수를 집중적으로 방류하게 된다. 이때 양쯔강 담수에 포함된 유기물질이 대량으로 공급되면서 해파리의 먹이가 되는 것이다. 예년 같으면 갈수기인 이 시기 양쯔강의 유

국립수산과학원 서해수산연구소 강영실 해양환경팀장

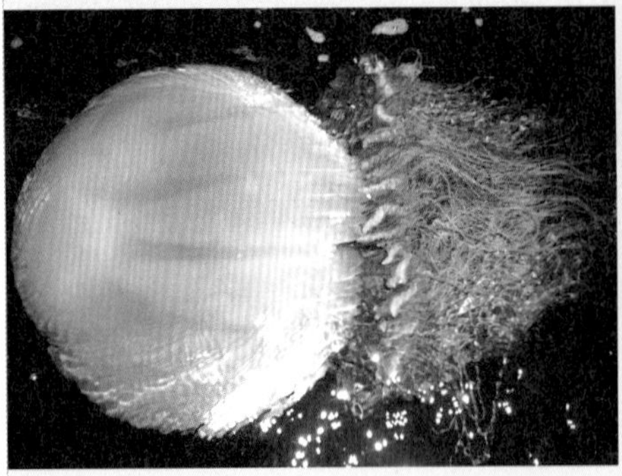

해파리는 크게 머리와 촉수로 나눠진다. 촉수의 길이는 머리 부분의 서너 배에 달하며 고도로 발달된 사냥 무기인 자포가 촉수마다 붙어있어 이를 이용해 먹이를 잡는다.

.노무라입깃해파리는 성장 단계에 따라 초기 2~3개월은 짙은 분홍색을 그리고 4~5개월의 중간 단계가 되면 옅은 분홍색을 띤다. 그리고 다 자라면 비교적 흰색에 가까운 색깔로 변하는데 이때 물 속에서 만나면 마치 유령과도 같은 느낌을 지울 수가 없다.

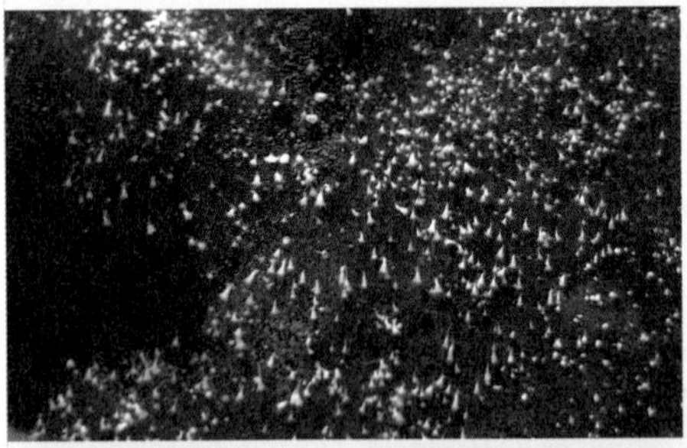

해파리의 폴립 단계, 해파리는 어린 시절을 바위 등에 붙어서 고착 생활을 한다. 이후 일정한 시기가 되면 떨어져 나와 해류를 타고 바다를 떠돌며 방랑자의 일생을 보내게 된다.

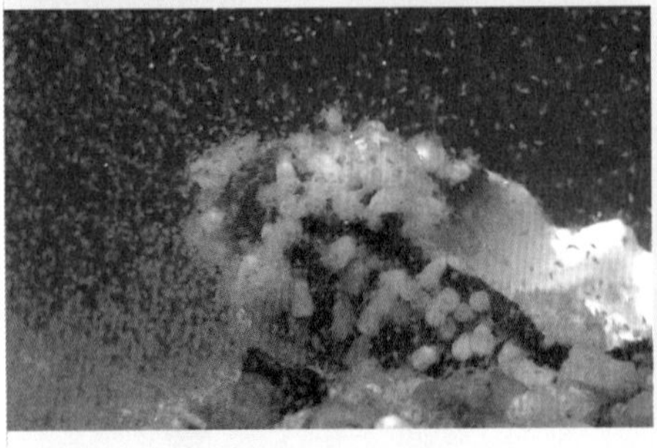

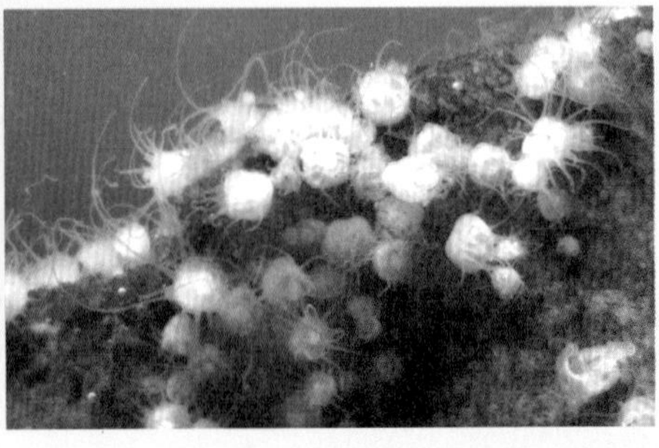

고착 단계인 폴립 단계에서도 해파리는 왕성한 포식력을 보인다. 이 시기에 많은 먹이가 공급되면 해파리의 생존률은 높아지고 성장 속도 또한 빨라져 해파리는 대량 번성할 수 있게 된다. 사진의 붉은 점들은 동물플랑크톤으로 해파리의 먹이가 된다. 오른쪽 사진의 실 같은 모양은 폴립에서 뻗어 나온 촉수로 이를 이용해 플랑크톤을 포식하게 된다.

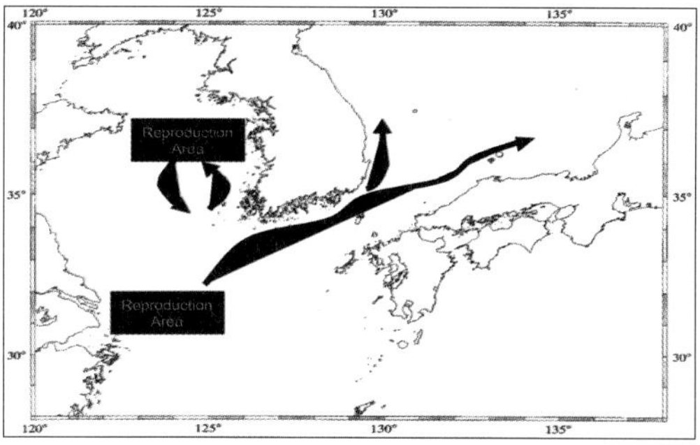

국립수산과학원 서해수산연구소 강영실 박사가 작성한 노무라입깃해파리 발생과 이동경로도
해파리의 발생과 성장 지역이 양쯔강 하구 수역 부근임을 말해준다.

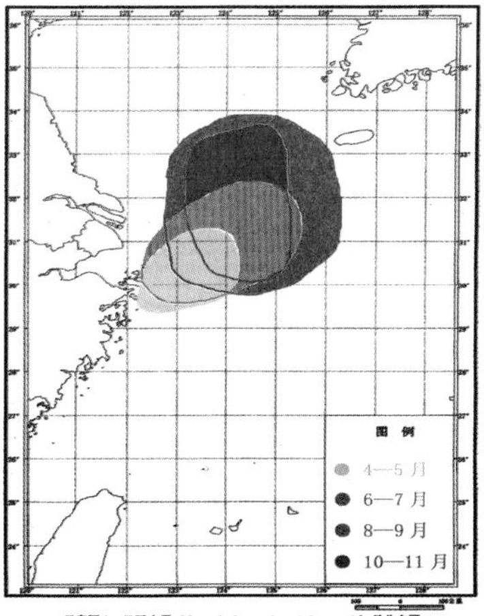

示意图 2　口冠水母（*Stomolophus meleagris L.Agassiz*）月分布图

중국에서 작성한 노무라입깃해파리의 이동경로
이 그래픽에서 확인할 수 있는 것은 해파리의 발생 지역이자 폴립기는 양쯔강 하구역 아래 수역임을 알 수 있다. 이 시기는 4~5월 즉 갈수기인 봄철에 해당한다. 하지만 샨샤댐은 갈수기인 이 시기에 많은 양의 물을 내보내면서 해파리의 폴립기와 성장기를 돕는 역할을 하는 것이다.

출량이 부족했지만 샨샤댐으로 상황이 바뀌었다. 봄철 해파리의 성장기에 먹이 공급이 원활해지면 해파리의 생존율이 크게 높아지게 된다. 어린 해파리의 높은 생존율은 곧 해파리의 대량 출몰로 이어질 수밖에 없다. 샨샤댐이 물막이 공사를 시작한 2년 뒤인 지난 2005년 여름의 황해는 물 반 해파리 반이었다.

동중국해에서 갈치잡이에 나섰던 쌍끌이 어선 96세화호는 트롤 그물을 올릴 때마다 물고기 대신 가득 들어찬 해파리의 무게 때문에 조업 자체를 포기해야 할 상황에 직면했다. 몸의 97%가 수분으로 이루어진 해파리는 한 마리의 무게만도 100kg을 초과한다. 이런 해파리가 트롤의 한 그물 속에 100여 마리에서 많게는 수백 마리가 잡혀 올라온다. 그물이 물 속에 있을 때는 물의 부력으로 쉽게 끌어 올릴 수 있지만 문제는 갑판 위로 올릴 수가 없게 된다.

96세화호 조충래 선장은 "지난 2000년 이후 크게 늘어난 해파리가 2004년 이후부터는 아예 조업을 불가능하게 하고 있다"고 말

그물을 풀자 보이는 것은 해파리뿐이다. 2~4시간가량 기다린 그물질이 한순간에 물거품이 되고 있는 모습이다. 쏟아내는 그물마다 이 해파리 때문에 다른 어종들도 신선도가 떨어져 상품가치를 잃어버리게 된다.

한다. 실제 쌍끌이 어선인 세화호는 150t에 달하는 큰 어선이지만 "무리하게 그물을 끌어 올리면 해파리의 무게 때문에 선박이 전복될 위험에 이를 수도 있다"라고 말했다.

그물이 갑판 위로 올라왔다 해도 사정은 복잡하다. 엄청난 해파리 개체수 때문에 갑판 위의 작업이 불가능해진다. 어렵게 잡은 조기며 갈치 등은 골라내기가 힘들다. 이럴 때면 그물에 잡힌 다른 어류들도 사실상 포기한 채 전부 바다로 다시 버리는 수밖에 없다. 해파리 촉수의 독 때문에 잘못 만지면 심한 통증과 함께 피부가 부어오른다. 해파리 독에 알러지가 심한 사람은 아예 통증과 발열 등으로 쇼크 상태에 빠지기도 한다.

야간작업에 모처럼 조기가 그물 한가득 올라 왔지만 덩달아 해파리도 함께 잡혔다. 이럴 때는 해파리에서 조기를 골라내기가 불가능해 그냥 바다에 버릴 수밖에 없다.

욕지도의 아침 정치망 어장

필자는 96세화호를 타고 동중국해부터 인천 앞바다까지 보름여 동안 동승 촬영하면서 모두 20여 곳에 대한 트롤 작업을 진행했다. 문제는 단 한 곳도 해파리가 잡혀 올라오지 않은 곳이 없었다. 이 당시는 2005년 8월 말로 동중국해는 이미 양쯔강 하류에서 성장해 북상하는 해파리로 바다가 비좁을 정도로 만원을 보이는 상태였다. 그리고 빨리 북상한 것은 이미 서 · 남해까지 도달한 상태였다. 그리고 9~10월로 접어들면서 서 · 남해는 노무라입깃해파리가 점령해버렸다.

해파리로 가득 찬 정치망 어장
정치망 어장에는 노무라입깃해파리로 가득하다. 해파리의 무게 때문에 그물질을 할 수가 없어 일일이 긴 막대로 해파리를 걷어내야 한다. 이럴 경우 보통 1시간이면 끝나던 작업이 3~4시간으로 늘어난다. 함께 잡힌 어류들도 해파리의 촉수에 쏘여 대부분 죽어 버려 상품성을 잃어버리는 경우가 많다.

2005년 9월 중순 필자는 이 해파리가 도달해 있을 것으로 판단되는 연근해 바다에 대한 촬영에 들어갔다. 그 중 한 곳이 바로 남해 욕지도였다. 기온은 초가을이었지만 욕지도 바다의 수온은 아직 한여름 수준이었다. 이른 새벽 도착한 정치망에는 엄청난 물고기 떼가 가득했다. 하지만 어민들이 양 옆에서 그물을 한 번 들어올리자 가장 먼저 눈에 띄는 것이 거대한 해파리 무리였다. 아직 어슴푸레한 새벽이었지만 흰색의 거대한 해파리는 마치 물귀신처럼 정치망 안을 가득 채우고 있었다.

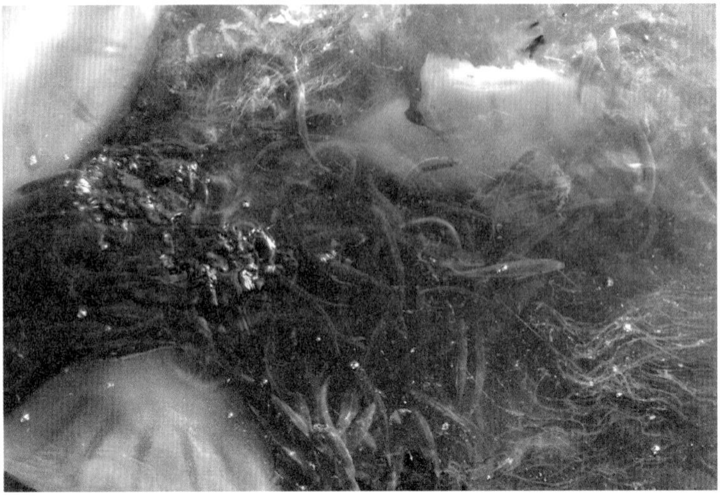

해파리의 촉수를 피해 다니는 전갱이

해파리의 촉수에 쏘인 물고기는 마비된 채 바로 죽어 버려 신선도를 유지할 수가 없다. 해파리가 점령한 바다의 생태계는 앞으로 어떤 모습으로 진행될 지 알 수 없다. 그리고 샨샤댐은 해파리의 점령을 더욱 부채질하는 역할을 하고 있다.

당시 필자는 수중촬영을 위해 전문 수중촬영가를 정치망 안에 내려 보낸 상태였다. 하지만 이 수중촬영가는 5분이 채 지나지 않아 살려 달라며 물 밖으로 나와 버렸다. 엄청난 수의 해파리가 정치망 안에 가득해지자 이들이 쏘는 자포의 독 때문에 도무지 촬영이 불가능했기 때문이다. 당시 수중촬영을 담당했던 이웅구 강사는 "해파리의 독을 잘 알기 때문에 사전에 온몸을 막을 수 있는 모든 장비를 다 착용했다. 하지만 단 한 치의 빈틈인 물안경 사이 1cm 빈 공간을 비집고 해파리 자포의 공격을 받았다. 견딜 수 없는 통증과 가려움증으로 촬영이 불가능했다"라고 말했다.

정치망에 해파리가 가득 들어차면 어민들의 작업 시간은 몇 배로 늘어난다. 일일이 100kg이 넘는 해파리를 긴 막대를 이용해 그물 밖으로 보내야 하기 때문이다. 그리고 이 시간이 길어질수록 그물과 함께 잡힌 다른 어류들은 촉수에 쏘여 쉽게 죽어 버린다. 이럴 경우 신선도를 잃어 버려 상품성이 크게 떨어지게 된다.

샤샤댐 물막이 이후 바다에 나타나고 있는 대표적인 징후인 해파리의 대량 출몰은 시각적으로 목격할 수 있는 가장 뚜렷한 변화 가운데 하나가 되고 있다.

한 · 중 황해공동조사를 담당하고 있는 국립수산과학원 탐구8호

● '탐구8호'가 증명한 샨샤댐의 위력

샨샤댐이 본격적인 물가두기를 시작한 지 2년 뒤인 2005년 10월 17일, 국립수산과학원 서해수산연구소의 탐구8호가 제주도를 출발했다. 이 선박에는 필자와 함께 한국과 중국 학자 20여 명이 타고 있었다. 제주도 서쪽 해상을 시작으로 황해 36개 지점에 걸쳐 수온과 염분 용존산소량 등 모두 35개 항목이 조사 대상이었다. 이 조사는 1997년부터 이후 9번째 실시되는 '한 · 중 황해공동조사'였다.

제주도 서쪽 지점에서 출발한 선박은 중국을 향해 일직선으로 황해를 관통했다. 그리고 중국 영해에서 조사를 마치면 다시 북상해서 한반도인 동쪽으로 일직선으로 옮겨가기를 반복하면서 작업은 진행됐다. 그리고 그 조사의 결과는 샨샤댐의 영향력을 증명하는 것으로, 황해의 환경이 변화의 조짐을 뚜렷이 보이고 있다는 게 조사에 참여했던 연구자들의 전언이다. 샨샤댐이 물을 가두기 시작한 2003년 여름 이후부터 황해는 변화의 징조를 보이고 있다는 것이다.

수온은 2002년 이후 조사 지점 모두 지속적으로 상승하는 경향을 보였다. 샨샤댐으로 줄어든 물이 황해의 수온 상승으로 이어진다는 예측이 현실로 나타나고 있었다. 이와 함께 생태계의 가장 기본 영양소인 동물플랑크톤과 엽록소(클로로필-a)가 2003년도엔 줄어든 것으로 확인됐다. 이 같은 결과는 조사 구역이 양쯔강 물의

9차 황해공동조사에는 언론으로서는 처음으로 KNN 샨샤댐 다큐제작팀이 참여해 조사 과정을 촬영했다.

직접적인 영향권보다 위쪽에 위치해 있는 곳에서 나타난 것이어서 샨샤댐의 영향이 황해 전반으로 서서히 확산되고 있다는 것을 반영하는 것이다.

조사에 참여했던 한국측 책임연구원인 서해수산연구소 김평중 박사는 "퇴적층을 중심으로 황해의 오염도가 진행되고 있지만 샨샤댐으로 물의 흐름이 느려지면서 정화기능마저 크게 떨어져 오염이 가속화될 우려가 높다"고 주장했다. 이 같은 조사 결과는 2006년 12월 국립수산과학원의 '남해 · 동중국해 해양환경연구 1단계 최종보고서'와 일치한다.

이 조사 보고서를 보면 샨샤댐의 물막이 공사가 완공되기 전(1996~2003년)과 완공 후(2004~2006년) 동중국해의 해양환경 변

왼편에서 시료를 채취하고 있는 사람이 한국 조사책임자인 국립수산과학원 서해수산연구소의 김평중 박사다.

화를 들고 있다. 먼저 바닷물의 온도는 3년 사이에 급상승했다. 무려 1.1도가 상승했다. 염분도 29.9‰에서 30.3‰로 크게 높아졌다. 수온과 염분이 생각 이상으로 높게 관측된 것이다. 이와는 반대로 해양 생태계의 먹이 사슬에 기본인 식물성 플랑크톤의 영양분인 부유물질과 클로로필-a의 밀도는 오히려 줄어들었다. 샨샤댐이 영양분 공급을 차단한 것이다. 이럴 경우 어족 자원의 이동 현상뿐 아니라 자원 고갈 현상이라는 최악의 상황으로 치달을 수도 있는 것이다.

국립수산과학원 해양연구팀 한인성 박사는 "염분이 높아지면 어족 자원의 밀도나 분포가 낮아질 가능성이 높다"며 "동중국해 수역은 남해와 서해는 물론 동해까지 영향을 미치기 때문에 연근

중국 수역에 가까워질수록 바다는 흙탕물 색을 띤다.

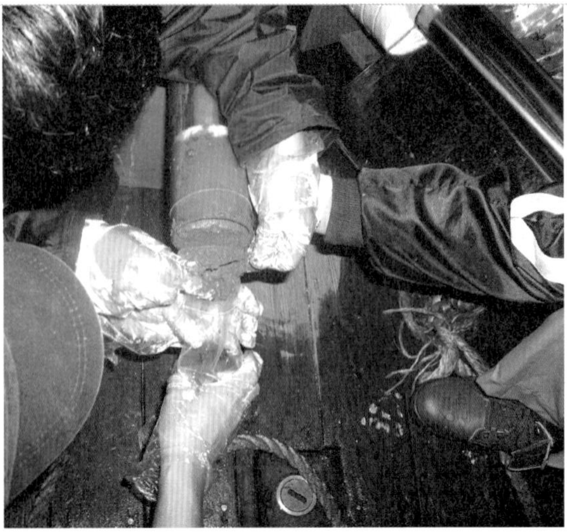

조사는 모두 35개 항목에 걸쳐 진행됐다. 사진은 황해 저질토의 오염도를 분석하기 위해 끌어 올린 시추코아 속 토양을 절단하는 장면이다.

해 해양생태계 파괴가 우려된다"고 말했다. 그리고 이런 우려는 실제 어획량의 감소로 나타나고 있다. 오징어를 주로 잡는 대형기선저인망 수협의 한 관계자는 "적정 수온이 유지되지 않으면 어군 형성이 안돼 어획량이 줄어들게 된다"며 "부산공동어시장 위판량이 매년 감소하는 것이 그 증거"라고 말했다. 지난 2006년 부산공동어시장 위판량은 19만 5천여 톤으로 2005년보다 무려 7%가 줄어들었다. 이 수치는 부산공동어시장 사상 최악의 실적에 해당한다.

바다 오염 현상의 상징적인 모습처럼 변해버린 적조 현상도 예외가 아니라는 주장이 제기됐다. 대만 중산대학 해양지질화학연구소의 천전둥 교수는 "샨샤댐에서 방류된 유기물과 농약 성분이 중국 연안에 흘러들어 부영양화가 촉진돼 유독성 적조가 발생할

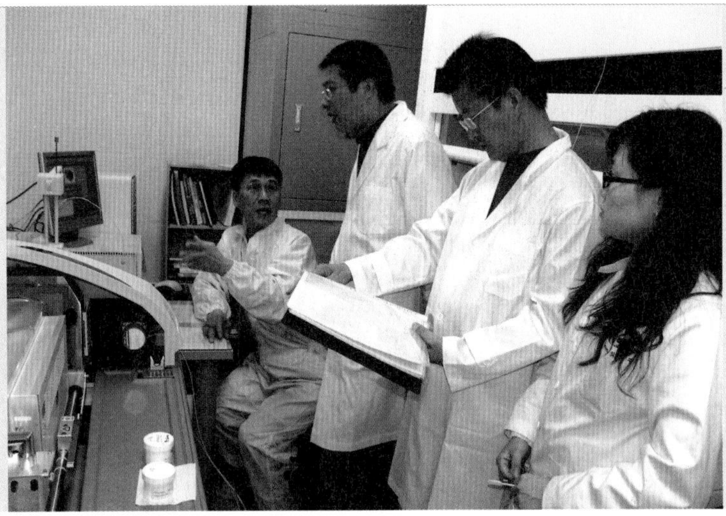

채취한 시료를 분석하는 한 · 중 연구원들

수 있다"고 지적했다. 천 교수는 "샤샤댐에서 흘러 든 담수의 부영양화로 과잉 번식한 해조류가 죽으면서 해수의 산소를 대량으로 소모해 용존산소량이 부족해지고 이는 결국 어류와 갑각류의 폐사를 불러와 어획량 감소를 불러오게 된다"고 주장했다. 또한 "고농도 영양성분으로 번식한 해조류가 독성을 띨 경우 먹이사슬에 의해 인체에도 피해를 입힐 수 있다"고 경고했다.

대만 중앙통신사는 2006년 10월 "중국 허베이성(河北省) 황하시 앞바다에는 2005년 10월 말부터 대규모 적조가 발생해 양식장의 어패류가 폐사하고 어로 작업이 대부분 중단됐다"고 보도했다. 또 "이 같은 현상은 결국 샤샤댐으로 인한 우려가 피해로 본격화되고 있다는 초기 증거로 봐야 할 것이다"라는 논평도 함께 실었다.

|4부|

샨샤댐은 북쪽 만주 지역의 사막화를 부채질한다는 연구도 나왔다. 앞으로 황사는 더욱 강해지고 심각해질 것이라는 분석이다. 그리고 예측하지 못한 환경재앙은 언제 어떤 모습으로 우리 곁에 다가올 지 알 수 없다.

샨샤, 한반도를 덮치다

샨샤댐으로 호수처럼 변한 샨샤 일대

7 샨샤댐의 나비효과

베이징 나비의 날개짓이 미국 플로리다에 토네이도로 이어지는 것으로 묘사되는 나비효과(Butterfly Effect)는 '모든 사건이 초기 조건에 민감한 의존성을 지닌다' 라고 정의한다. 즉 특정 사건이 일어나기 전의 상황이 아주 미묘한 변화를 일으켜도 앞으로 벌어질 사건에 영향을 미칠 수 있다는 것이다.

샨샤댐으로 야기되는 다양한 환경 영향은 이 나비효과로 설명하는 것이 가장 손쉬운 해석이 될 것이다.

'샨샤댐에 물을 가두자 안개가 생긴다. 그 안개는 열을 붙잡고 주변을 폭염으로 만든다. 폭염은 양쯔강 기단에 영향을 주면서 고비 사막을 비롯한 만주벌에 수증기 공급을 막는다. 이로 인해 사막화가 더욱 가속화된다. 이 때문에 황사의 발생량은 많아지고 거세진다. 이후 편서풍의 영향을 받은 한반도에는 호흡기와 피부병 환자가 크게 늘어난다.'

이것은 샨샤댐으로 인해 발생할 가능성이 높은 여러 시나리오 가운데 하나에 불과하다. 댐에 물을 가두면서 나타나는 현상 그리고 그 현상의 꼬리에 꼬리를 무는, 아직 겪어보지 못한 환경적 사건들은 이미 시작됐으며 진행 중인지도 모른다. 그리고 그 영향이 어떤 식으로 미칠 지는 그 영향이 나타나 봐야 알 수 있는 불확실성이라는 나비효과의 또 다른 두려운 면을 보인다.

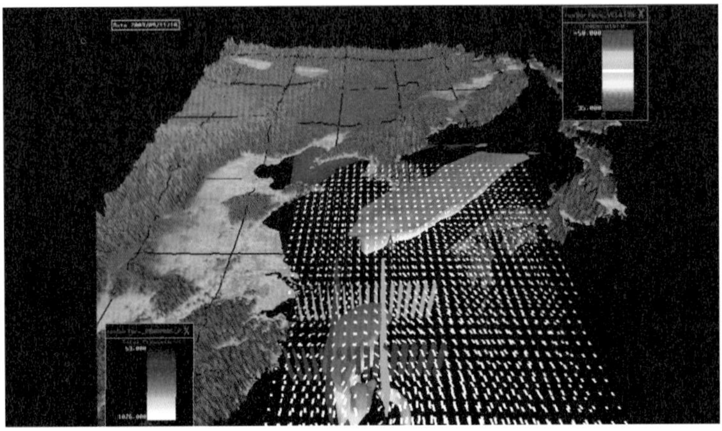

2003년 태풍매미 발생도 5차원 시뮬레이션

태풍은 따뜻해진 동중국해와 황해에서 에너지를 흡수하면서 더욱 강해지는 것을 볼 수 있다. 양쯔강 담수가 줄어들면 황해는 더욱 따뜻해지고 태풍 등 기상재해는 더 빈발해질 수 있다는 게 기상학자들의 예측이다. (그래픽 : 한국해양연구원 김창식 박사)

샤샤댐, 지구의 자전축을 바꾸다

타이페이에 들어선 101층 건물이 주변을 불안정 지형으로 만들어 지진을 유발한다는 보고서가 제출된 적이 있다. 이 건물의 무게는 현재 70만 톤에 달한다. 인간의 작품이 지진으로 이어질 수도 있는 것이며 이 보고서를 증명이라도 하듯 이 건물이 들어서면서 타이페이의 지진은 더욱 잦아졌다.

하지만 심각한 지진을 유발할 수 있는 대표적인 인공 구조물은 샤샤댐이라는 분석이 나오고 있다. 샤샤댐에 물을 가득 채우면 그 물의 무게는 393억 톤에 달한다. 타이페이의 101층 건물보다 6만 배가량 무거운 새로운 물질이 한 곳을 집중적으로 누르게 되는 것이다.

타이페이의 101층 금융센터
70만 톤에 달하는 이 빌딩이 한 곳을 집중적으로 누르면서 지진을 유발한다는 연구결과가 나왔다.

한국지질자원연구원의 이윤수 박사
"샨샤댐의 무게는 지각 평형에 영향을 미치며 그 영향은 수치로 표현이 가능하다"라고 말한다.

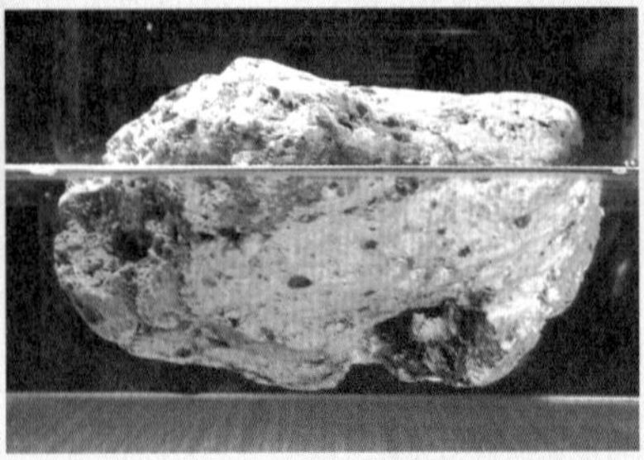

물 위에 떠있는 부석(浮石)
물이 맨틀이고 부석이 샨샤댐이 있는 지각이라고 가정했을 때 샨샤댐의 무게가 이 지각의 특정한 곳을 누르면 부석 즉 지각의 평형에 문제가 발생할 수 있게 된다.

지구조학 전문가인 한국지질자원연구원의 이윤수 박사는 샨샤댐이 물을 채우게 되면 주변 지각 평형에 영향을 줄 수 있다는 계산을 수치로 내놨다. 이 박사는 "샨샤댐의 지각 두께가 33km, 댐의 수위를 180m로 가정해 물을 채우자 약 2/1000 정도의 지각 밀도 변화가 생겨났다"고 밝혔다. 하지만 이 수치가 어떤 영향으로 이어질 지 예측하는 것은 현재로선 불가능하다. 이 예측을 미리 알아볼 수 있는 자료가 없는 것은 아니다. 미국 NASA에서 나온 한 자료는 "샨샤댐의 무게가 지구의 자전축을 이동시키며 이동거리는 대략 2cm에 달한다"고 밝혔다.

부산대 윤성효 교수는 한발 더 나아가 샤샤댐이 지구의 자전축에 영향을 미칠 수 있음을 경고한다.

부산대 지구과학교육전공 윤성효 교수는 "샤샤댐처럼 반영구적인 댐의 무게가 집중적으로 한 곳을 누르면 또 다른 전지구적인 지질 재앙으로 이어질 수 있다"는 견해를 밝혔다.

테니스공의 한 쪽을 손가락을 누르다 떼면 다시 복원되는 것과 같이 지구의 자전축도 특정 무게가 일시적으로 한 곳을 누르면 일정 부분 움직였다가 무게가 사라지면 다시 복원된다. 하지만 반영구적인 댐의 성격상 샤샤댐은 지구 자전축의 복원력마저 떨어뜨리게 된다는 것이다. 더구나 샤샤댐은 인도 지각판 충돌의 영향을 많이 받을 수 있는 불안정한 지역에 놓여있다. 그리고 그 지각판은 멀게는 한반도까지 연결돼 있다. 샤샤댐의 완공은 비교적 지진의 안전지대였던 한반도를 위협하는 요인으로 작용할 지도 모른다.

2006년 10월 27일 샤샤댐이 위치한 중국 후베이성에서 리히터 규모 4.7의 지진이 발생했다. 지진 발생 당시 주민들은 천정의 전등이 심하게 흔들리는 등 강한 진동을 느꼈다고 밝혔다. 후베이성

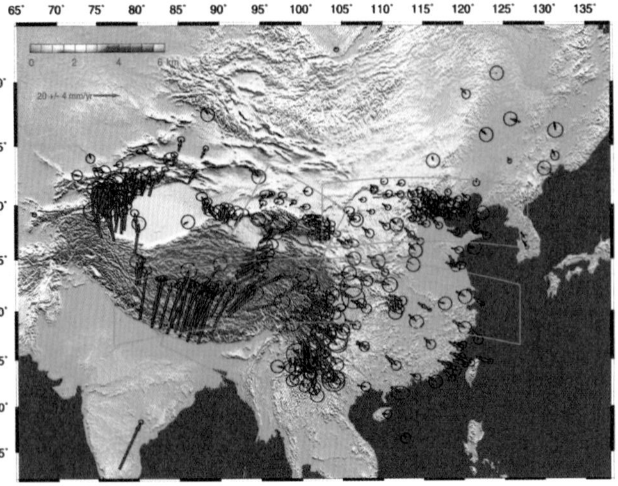

샨샤댐이 위치한 지역은 인도 지각판의 영향이 미치는 곳의 경계지점에 해당한다. (그래픽 : 지질자원연구원 이윤수 박사)

지진국은 지진 발생 당시 비상대책반을 가동하고 피해조사를 벌였다. 무엇보다 샨샤댐에 어떤 영향을 미쳤는지에 대해 조사가 진행됐다. 이처럼 샨샤댐이 본격적인 물가두기가 시작되면서 주변 지역에는 지진의 발생 빈도가 크게 늘고 있다는 게 후베이성 지진국 관계자의 말이다. 하지만 정확한 통계는 말하기 곤란하다는 말로 즉답을 피했다.

필자는 2006년 여름 베이징에 있는 중국 국가지진국 선임연구원과 개인적인 만남을 가진 적이 있다. 이 자리에서 그는 중국에서 발생하고 있는 지진 현황을 '빈발과 이동' 이라는 표현으로 압축해 전했다. "중국에서는 2~3년 전부터 곳곳에서 지진이 일어나고 있다. 이것은 발생 빈도가 크게 늘어난 것이다. 2006년 4월 이후 한

샨샤댐으로 호수처럼 변한 샨샤 일대

달여 만에 발생한 지진 횟수가 10건에 이른다. 사실상 지진 다발 시기에 접어든 게 아니냐는 우려가 나오고 있다. 지진 다발 지역도 티벳고원 지역에서 쓰촨성과 충칭, 후베이성이 있는 동쪽으로 이동하고 있는 상황이다"라고 말했다.

자료 공개가 극히 까다로운 중국의 특성으로 미뤄볼 때 이 같은 설명이 얼마나 정확성을 띠고 있는지는 필자로서 자신하기 힘들다. 하지만 샨샤댐으로 인한 주변 지각은 서서히 피로를 느끼기 시작했다는 게 지진 관련 전문가들의 한결같은 지적이다.

중화사상의 상징인 만리장성
샨샤댐 물가두기 이후 베이징을 중심으로 한 만리장성 부근의 여름은 40도를 넘는 기록적인 폭염이 지속되고 있는 것으로 나타났다.

홍수 복구에 투입되는 인민해방군
여름이면 양쯔강 유역은 홍수와 인민해방군의 활약상으로 TV와 신문이 분주해진다.

● 폭염과 사막화를 가속화시키다

서울대 지구환경과학부 이동규 교수는 샨샤댐이 중국 대륙에 평균 온도를 변화시킬 수 있다는 시뮬레이션을 도출해 냈다. 샨샤댐을 하나의 거대한 호수로 가정했을 때 중국 대륙은 물론 한반도와 멀게는 일본까지 동북아 곳곳에서 강수량의 변화가 나타났다. 특히 베이징 북쪽 지역으로는 0.2~0.4도가량 온도가 올라간 것으로 나타났다. 이것은 지금도 사막화로 타들어 가고 있는 동북삼성과 내몽골 지역에 사막화를 가속화시킬 수 있다는 우려를 낳게 하는 것이다.

이동규 교수는 "이 같은 현상은 중국 남쪽에서 강한 여름 몬순이 북쪽으로 불어 가는데 이 패턴에 샨샤댐의 수증기가 교란 역할을 할 수 있기 때문이다"라고 설명했다. 샨샤댐으로 생기는 긴 수증기대가 중국 내륙으로 흐르는 비구름대를 도리어 막아 정작 물이 절대 부족한 중국 서북부 지역엔 사막화를 부채질할 수 있는 것이다. 이를 증명이라도 하듯 2003년 이후 베이징 부근은 40도가 넘는 기록적인 폭염이 3년간 계속됐다.

필자는 한여름인 지난 2005년 8월 고비사막의 입구인 만리장성을 찾았다. 당시 베이징을 비롯해 만리장성 부근은 섭씨 40도를 오르내리고 있었다. 여전히 많은 관광객들이 만리장성을 찾고 있었지만 대부분 몇 곳 되지 않은 그늘을 찾아 움직일 엄두를 내지 못했다. 만리장성 위에서는 고비 사막에서 불어오는 바람이 도리어 후끈한 열기로 다가와 오히려 한여름에 보일러 바람을 쐬고 있는

서울대 이동규 교수는 "샤샤댐의 거대한 수계가 생기면서 동북아의 강수량과 온도를 변화시킬 수 있다"는 시뮬레이션을 도출해냈다.

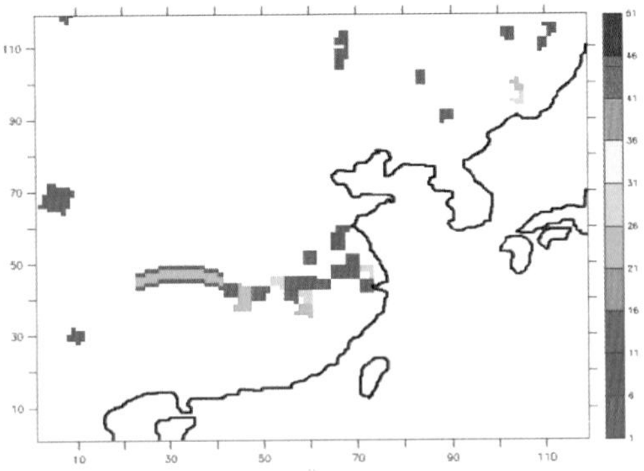

샤샤댐으로 생기는 수계를 하나의 호수로 가정한 그래픽

좌측 하단부의 긴 띠가 샤샤댐으로 생기는 호수에 해당한다. (그래픽 : 서울대 지구환경과학부)

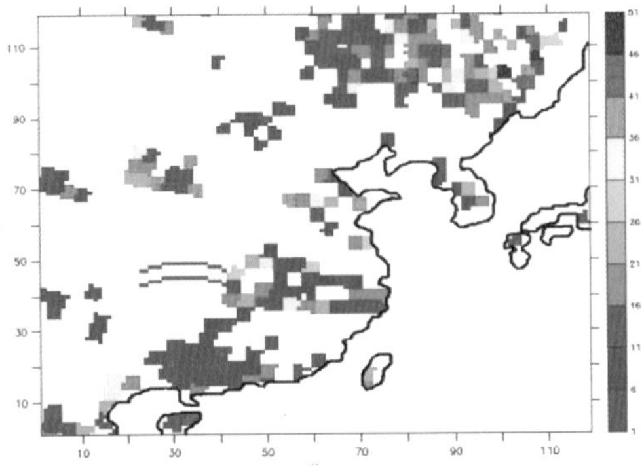

샤샤댐 수계로 동북아 전반적인 강수량이 변화를 보이고 있다. 그래픽에 표시된 다양한 색깔들은 변화된 강수량을 나타낸다.

느낌이었다.

샨샤댐은 중국 북부 지역뿐 아니라 댐이 들어선 중국 내륙의 쓰촨성과 충칭에도 이상 기온 현상을 가져오고 있다는 주장이 중국 기상관계자들의 입에서 제기됐다. 지난 2006년 50년만의 사상 최악의 가뭄 피해가 발생했다. 신화사 통신은 충칭 기상대 관계자의 말을 인용해 "충칭 시와 쓰촨성 지역은 5주째 거의 비가 내리지 않고 있을 뿐만 아니라 연일 35도가 넘는 폭염이 계속되면서 지난 1951년 이래 최악의 가뭄 피해를 보고 있다"는 보도를 전했다.

"그 피해액만도 직접 손실액만 95억 위안(약 1조 2천억 원)에 이른다. 충칭 시는 전체 농경지의 80%에 달하는 130만ha가 가뭄 피해를 보았다. 쓰촨성 역시 사정은 마찬가지였다. 식수난도 심각

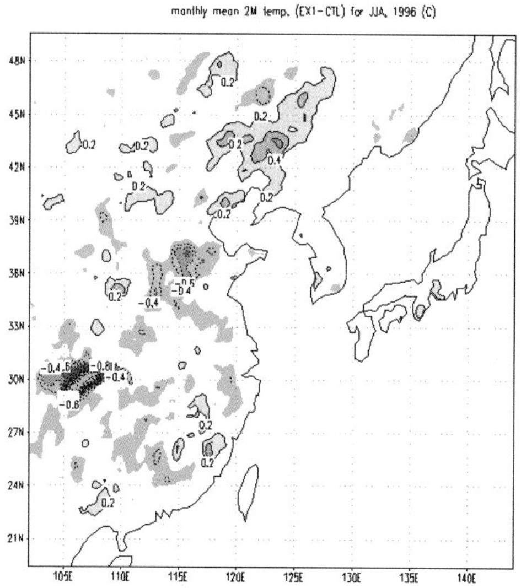

온도변화 그래픽
샨샤댐은 베이징 북쪽 지방의 지상 온도를 상승시킨 것으로 나타났다. 시뮬레이션에서는 동북삼성 지역의 표면 온도가 0.2~0.4도가 높아졌다. 이것은 샨샤댐이 황사의 발원지를 시작으로 한 동북삼성 지역의 사막화를 가속화시킬 수도 있음을 증명하는 자료가 된다.

한여름의 베이징

인공적으로 호수를 만들어 놓았지만 폭염을 막기에는 역부족이다.

해 1000만 명 이상이 급수차로 식수를 공급받고 있으며 가축의 고통은 더 크다"고 밝혔다. 이에 대해 베이징대학 수리학연구원 왕홍치 교수는 "이런 가뭄이 대기 변화와 연관성이 크지만 샨샤댐 완공에 따른 새로운 지형 지세가 영향을 미쳤을 가능성을 배제할 수 없다"고 말했다. 쓰촨 분지를 거쳐 후베이성으로 흘러나가는 양쯔강의 출구 부분에 위치한 샨샤댐으로 수위가 높아지면서 쓰촨 분지의 더운 공기가 자연스럽게 밖으로 배출되지 못해 고온과 가뭄을 가져왔다는 것이다.

샨샤댐은 또한 지구온난화를 가속화시키는 촉매제 역할을 할 것이라는 우려도 제기되고 있다. 댐은 상류의 영양분들이 강으로 흘러들어가는 것을 줄인다. 이는 연쇄적으로 대기 중의 이산화탄소를 흡수하는 중요한 역할을 하는 해양 플랑크톤의 번식을 감소시킨다. 여기까지의 이론은 이미 다양한 조사를 통해 증명되고 있다. 황해와 동중국해는 이미 식물플랑크톤의 먹이가 되는 클로로

필과 영양염류가 감소한 상태다. 결국 샨샤댐은 대기 중의 이산화 탄소를 더욱 늘리면서 지구온난화에 기여(?)를 하는 소리 없는 공모자가 되는 것이다. 그리고 이 같은 연쇄작용은 그리 복잡하지 않는 기제에 의해 한반도에도 예측하기 힘든 기상 이변을 불러일으킬 수 있다.

동북아 '저기압 분쟁'

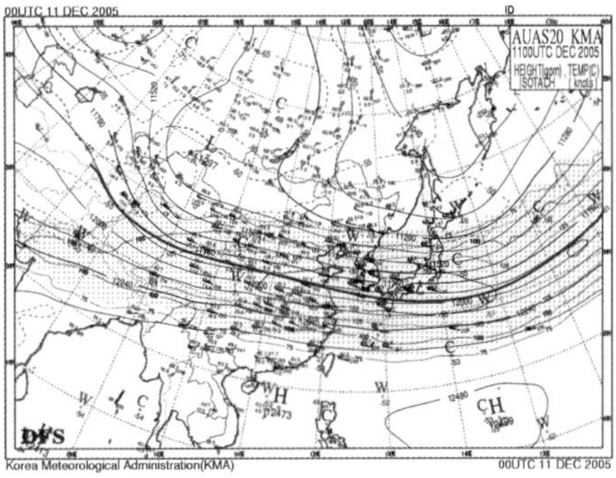

동북아시아 편서풍 기단, 양쯔강의 저기압 기단이 변화되면 그 영향은 곧바로 한반도와 일본에 미치게 된다. (그래픽 : 기상청)

한국해양연구원의 이홍재 박사는 샨샤댐으로 한반도가 가뭄에 시달릴 것이라는 전망을 내놨다. 양쯔강 하류는 한반도 강수에 영향을 주는 저기압이 생성되는 곳이다. 중국이 샨샤댐 완공으로 양쯔강 물의 상당량을 북부 지역으로 보내게 되면 저기압이 약화된다. 이는 샨샤댐 하류의 표면적이 줄어들어 물의 증발량이 절대적으로 감소한다. 이 때문에 저기압이 바다의 습기를 대량으로 흡수하지 못한 채 한반도에 도달하게 되면서 장마를 약화시키고 가뭄을 가속화시키게 되는 것이다. 이 가설이 현실화되면 샨샤댐은 동북아시아를 '저기압 국제분쟁 지역' 으로 만드는 것이 된다.

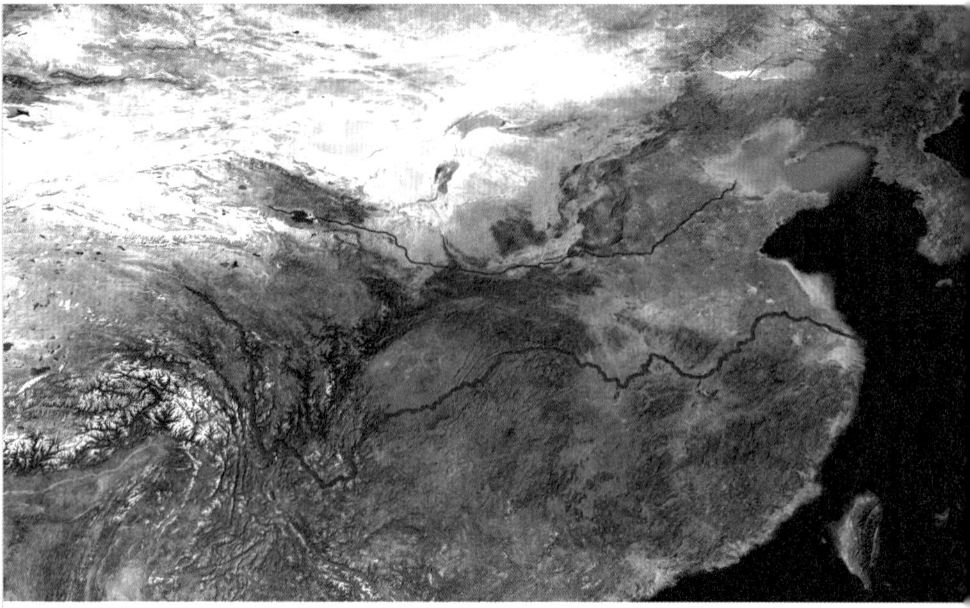

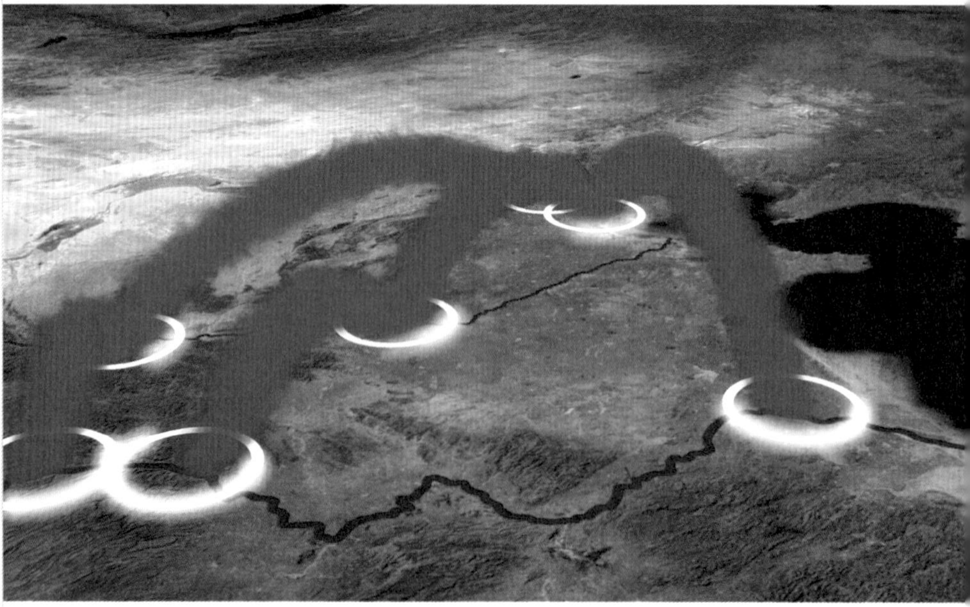

남수북조
남수북조는 홍수로 넘쳐나는 양쯔강의 물을 베이징 등 물이 부족한 북쪽에 공급한다는 중국 정부의 100년 사업이다. 아래쪽의 굵은 파란 선이 양쯔강, 위쪽은 황하에 해당한다. 운하와 수로를 통해 한강물의 두 배가 넘는 유량을 북쪽 지역에 공급하게 된다.

8 남수북조의 첫 삽, 샤샤댐

● 중국 정부의 물 정책

목마른 북쪽에 양쯔강을 끌어 올리다

중국의 물 부족 현상이 갈수록 심각해지고 있다. 지금의 추세대로라면 2030년쯤이면 수자원 고갈로 '물 공황사태'가 발생할 지 모른다는 전망도 나온다.

『중국의 물』 저자인 마쥔(馬俊)은 "인구가 가장 많은 도시 순으로 상위 600개 대도시 가운데 2/3에 해당하는 400여 개의 도시가 물 공급이 어려운 상황이다"고 밝혔다. "그리고 이 가운데 100여 개는 물의 절대 부족 사태를 겪고 있으며 대부분 베이징을 중심으로 한 북서 지역의 도시가 심각한 수준이다"라고 말했다. 이처럼 중국 대륙에서 물의 지역 간 형평성 문제는 국가적인 과제로 대두돼 왔다.

중국 수자원의 총량은 2조 8000억 톤가량 된다. 이것은 세계 6

목마른 베이징

위권에 해당하는 양이지만 1인당 평균 수자원은 70위권대로 떨어진다. 물의 분배가 심각한 불균형을 이루고 있는 것이다.

실제 양쯔강 유역 등 중국 대륙의 남부 지역 하천의 유량은 80%를 차지하는 데 비해 황하 등 북부 지역은 12%에 그쳐 해마다 가뭄에 시달리고 있다. 이 같은 물의 불균형은 지역 간 경제 격차로 나타났다. 중국의 서부 지역은 국토의 72%로 광활하지만 인구는 28%에 불과하다. 지난 2003년 경제성장의 상징인 상하이의 1인당 GDP가 6000달러를 넘은 반면 서부 지역의 구이저우성(貴州省)은 400달러에도 못 미친 것으로 발표됐다.

이로 인해 중국 정부는 물의 불균형 해소를 통해 서부 내륙의 경제 성장을 도모한다는 계획으로 남수북조(南水北調) 프로젝트

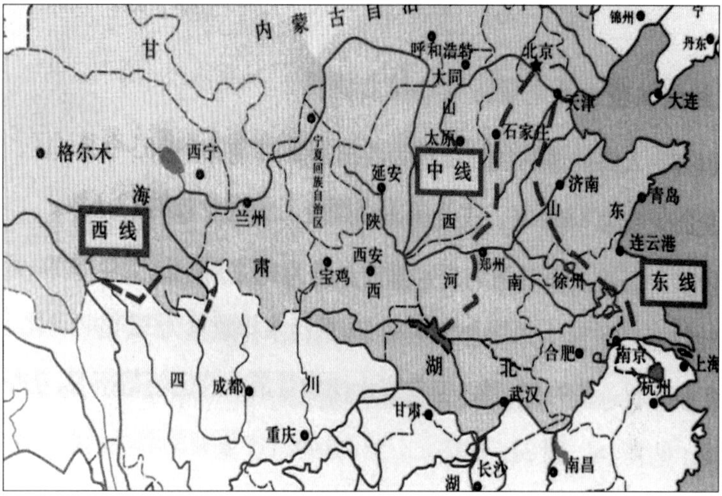

남수북조 공사는 동선과 중선, 서선 3곳으로 이뤄진다. (그래픽 : 중국환경백서 2004)

에 착수했다. 서남부 물의 효율적인 관리를 위해 댐과 수로 건설을 통해 자연스럽게 이 지역의 경제 성장으로 이어진다는 논리다. 홍수로 넘쳐나는 남쪽의 물을 목마른 북쪽으로 옮긴다. 이것이 21세기 중국 정부의 최대 물 정책인 남수북조다. 중국 정부는 양쯔강의 3대 지점에서 운하를 뚫어 베이징과 텐진(天津) 등 물이 절대 부족한 북부의 황하 유역으로 보낼 계획을 세웠으며 샤샤댐은 남수북조의 최대 사업이자 첫 삽이다.

남수북조 계획의 기본 구상은 중국의 남방과 서부 칭하이성 지역에서 북방 지역으로 동선(東線), 중선(中線), 서선(西線)이라는 3개의 수로와 운하를 건설해 북방 지역의 구조적이고 만성적인 물 부족을 해결한다는 것이다.

거저우댐

'50년 계획, 50년 건설, 5천억 투자' 로 일컬어지는 남수북조 공사의 첫 삽인 거저우댐, 남수북조의 대표적인 사업인 샨샤댐을 건설하기 위해 중국 정부는 그 하류 지역에 거저우댐을 먼저 건설했다. 이를 통해 공사의 안정적인 운영이 가능하다며 대내외적으로 공표한 뒤 샨샤댐 건설에 착공했으며 이후 본격적인 남수북조 공사에 착공한다.

양쯔강 하류에서 시작되는 동선 운하는 '수' 나라 때 건설한 운하를 개조해 연간 148억 톤의 물을 베이징과 텐진으로 보낸다. 중선은 수로를 통해 연간 130억 톤을 북쪽에 공급한다. 이 중선의 규모만도 한강의 유량과 맞먹는데 대부분 샨샤댐에 갇히는 물로 충당한다.

서선은 양쯔강 상류의 물을 티벳고원에서 황하 상류로 돌리게 된다. 2012년 착공할 예정인 이 운하가 완공되면 하류로 흘러 갈 물이 최상류에서 연간 170억 톤 줄어들게 된다.

'50년 계획, 50년 건설, 5천억 투자' 라는 타이틀이 걸린 남수북조 프로젝트는 지난 1952년 마오쩌둥이 샨샤댐 건설 지역을 시찰

하면서 "남방에 물이 많고 북방에 물이 적다. 가능하면 남방 물을 이동하는 것이 좋다"는 구상을 내놓으면서 시작됐다. 이후 많은 논란 끝에 샨샤댐 공사를 시작으로 동선, 중선, 서선이라는 거대한 남수북조 공정이 대륙의 물길을 바꾸고 있다.

수몰이 진행 중인 완조우 시

남수북조는 그 유역의 엄청난 공업화로 인한 오염으로 북쪽 지역에 생명수를 공급하기도 전에 사용 불가능할 것이라는 진단을 받고 있다.

폐수를 공급하는 관로, 남수북조 3선

대륙의 물 공급 형평성을 기한다는 남수북조는 '남쪽의 풍부하고 깨끗한 물을 북쪽의 물 부족 지역으로 오염되지 않게 조달하는 것이다'. 이송 과정에서 오염되어 쓸모 없는 물로 변하지 않게 하는 것이 남수북조의 가장 큰 궁극적인 목적이기도 하다. 이를 위해 남수북조 프로젝트는 "1)먼저 절수한 후 물을 조달하고 2)먼저 오염을 개선한 후 물을 공급하며 3)먼저 환경을 보호한 후 물을 사용"토록 하는 지도 방침까지 정해 놓고 있다.

'환경보호 10.5계획'은 이를 위한 실천 계획이다. 이 계획대로

양쯔강의 최종 지점인 상하이 푸동 항
동방명주는 중국 경제 발전의 상징이 되고 있다.

라면 남수북조로 공급되는 물은 3급수 이내로 끌어올려야 한다. 도시의 오수처리장 73개를 건설하기 위해 88억 위안(1조 2천억 원)을 투자한다. 그리고 2010년까지 중국은 약 392억 위안(5조 1천억 원)이라는 거액을 투자해 샤샤댐과 그 상류의 수질오염을 개선한다는 목표를 세우고 시행에 들어갔다. 중국 국가환경보호총국이 공표한 〈샤샤댐과 상류 수질오염 방지계획(2001~2010)〉을 보면 2010년까지 전체 수질이 2급수 기준에 도달하도록 한다는 목표가 설정되어 있다.

하지만 현실은 2급수가 아니라 3급수 달성도 어려울 정도로 훨씬 비관적이라는 게 전문가들의 설명이다. 여기서 남수북조의 수질 오염이 중국 정부의 계획처럼 달성되기 어려운 점을 분석한 자료를 한 번 보자. "먼저 환경보호에 대한 중국인들의 인식이 여전히 낮다. 그리고 오염형 · 다소비형 산업 위주의 경제 성장 방식이 너무 팽배해 있다. 이와 함께 환경의 관리와 환경법의 집행 능력 부족도 큰 문제다." 이것은 중국 국가환경보호총국 스스로가 만든 자료여서 수질 개선 노력이 그리 밝지 못함을 말해 주고 있다.

중국 국가환경보호총국 홈페이지
남수북조의 수질 개선을 위한 설명이 담겨있다.

중국 정부의 유일한 공개 환경 자료인 〈2004 중국환경백서〉에는 남수북조로 인해 한해 14억 톤의 폐수가 강물로 쏟아져 들어간다고 밝혔다. 수로와 운하를 통해 북쪽으로 공급되기도 전에 심각한 오염으로 남수북조의 물이 폐수 수준으로 전락해 버릴 수도 있는 것이다. 중국과학원 난징(南京)호수연구소 둥야원 연구원은 "강 연안 개발이 남수북조에 은환을 묻었다. 강 연안의 발전이 빠를수록 수원지 보호는 더욱 어렵다"고 토로했다. 샨샤댐을 시작으로 한 중국 역사상 최대의 물 정책인 남수북조는 목마른 북쪽으로 흘러가는 양쯔강 물이 생명수가 되기도 전에 자칫 폐수로 전락할지도 모른다.

● 썩어가는 발해만

한반도 환경 재앙을 가속화시키다

중국 정부의 남수북조 공사는 단순히 중국 정부의 물 정책으로 치부해서는 안되는 이유가 있다. 샨샤댐으로 야기될 수 있는 한반도에 대한 환경 영향을 남수북조는 더욱 가속화시키거나 강도를 높일 수 있기 때문이다. 이를 증명하는 가설이 있다. 남수북조가 완공되면 상하이를 시작으로 황해로 흘러가는 양쯔강 물의 양은 더욱 줄어들게 된다. 이럴 경우 황해는 더욱 해류 순환이 느려진다. 느려진 해류 순환은 오염을 가중시키게 된다. 그리고 수온을 상승시켜 해양생태계뿐만 아니라 기상과 기후에도 변화를 유발하게 된다.

그리고 북쪽으로 올라간 양쯔강 물 또한 상당한 환경적 영향을 미치게 된다. 중국의 연안 지역 등 북쪽의 공업화 때문에 북쪽으로 옮겨지는 양쯔강 물은 많은 오염이 불가피하다. 이렇게 오염된 물은 해류 순환이 거의 없는 발해만으로 고스란히 유입된다. 발해만의 오염은 불가피하다. 이로 인해 황해 전체 생태계에 영향을 미치게 된다.

충칭 시 인민정부 참사를 지낸 레이헝순 충칭대 교수는 필자와의 인터뷰에서 "중국 대륙의 전체적인 생태 환경 파괴를 우려해 남수북조 공사를 반대했지만 의견은 애초부터 묵살됐다" 고 토로했다.

발해만 유역

사방 300도가량이 막혀 있는 발해만은 해류의 순환이 아주 느리게 이루어진다. 중국 연안의 공업화로 배출된 폐수는 발해만의 생태계에 많은 영향을 끼치게 된다. 더욱이 남수북조로 북쪽에 공급된 물은 생활폐수와 공업폐수로 변한 채 대부분 발해만으로 흘러들 수밖에 없어 오염은 불가피하다는 게 전문가들의 분석이다. (사진출처 : 미항공우주국)

남수북조 발해만의 순환을 막다

필자는 샤샤댐과 남수북조 공사가 해양 환경에 어떤 영향을 미칠 지에 대해 구체적인 답을 구해야 했다. 이런 가운데 국내 해양 시뮬레이션의 권위자인 국립수산과학원 해양환경본부장인 방익찬 박사를 만날 수 있었다. 방 박사는 필자의 요청에 수개월에 걸친 시뮬레이션 작업을 흔쾌히 승낙했다.

시뮬레이션은 크게 두 가지로 나뉘어졌다. 하나는 '샤샤댐으로 줄어든 양쯔강 물이 황해에 염분 변화를 일으킬 수 있느냐?' 는 것이고 또 하나는 '남수북조로 인해 양쯔강 물이 북쪽으로 공급될 경우 발해만의 염분도 변화되느냐?' 는 것이다.

국립수산과학원 해양환경본부장인 방익찬 박사는 샤샤댐과 남수북조로 인해 황해의 염분 변화는 물론이고 발해만의 오염을 가속화시킬 수 있다는 결론을 도출해냈다. 사진의 오른쪽이 방익찬 박사.

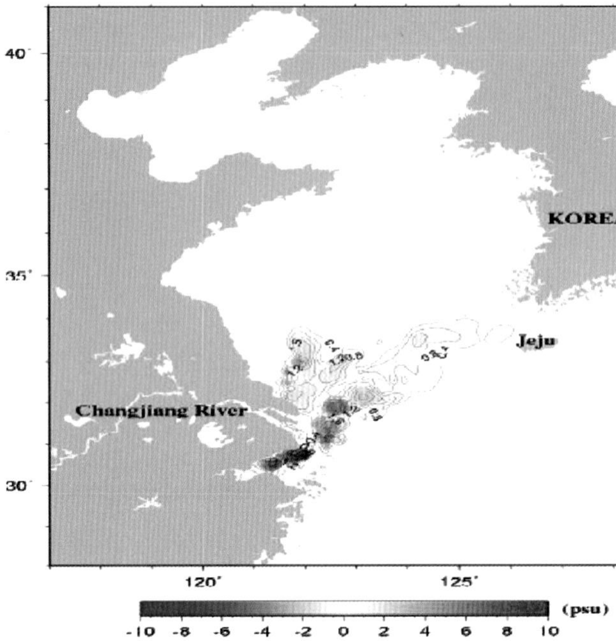

샨샤댐의 영향으로 알아 본 황해의 염분 변화 시뮬레이션
그래픽에서 붉게 보이는 부분은 모두 염분이 변한 것에 해당한다. 샨샤댐은 황해의 해양 환경에 다양한 영향을 미치고 있음을 보여준다.

이때 염분이 변화되는 모습은 사실상 육상에서 흘러 간 오염원이 바다에 어떤 영향을 미칠 것인지를 화면상으로 알 수 있는 오염지표 역할을 하게 된다. 물의 양은 중국 정부가 공식적으로 발표한 샨샤댐 유출 감소량과 남수북조 공급량을 대입했다. 그리고 그 결과는 예상 외였다.

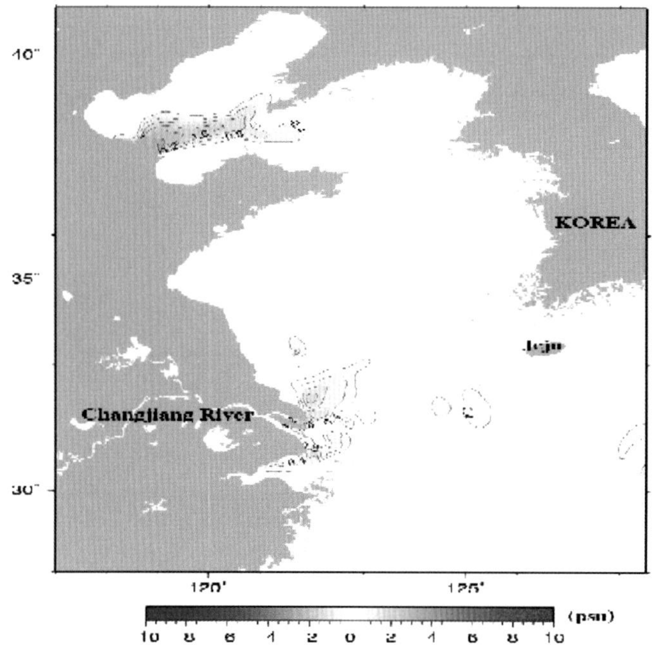

남수북조를 대입시켜 본 발해만의 염분 변화

폐쇄적인 발해만이 남수북조로 공급된 물로 인해 환경이 변화되는 것을 알 수 있다. 이 염분 변화는 곧 수질악화 등 환경 파괴의 표시가 된다. 남수북조로 공급된 물이 대도시와 공업 지역을 거치면서 대부분 생활, 공업폐수로 변한 채 발해만으로 흘러들기 때문이다.

시뮬레이션을 의뢰한 지 두 달여 뒤, 방 박사가 먼저 필자에게 전화를 걸어 왔다. "이 물의 양을 대입하자 생각보다 심각한데요. 양쯔강의 염분 변화도 눈에 두드러질 정도로 나타났습니다. 특히 발해만의 경우 염분 변화와 함께 해양 오염을 염려하지 않을 수가 없습니다. 대부분 공장지대를 거친 폐수가 고스란히 발해만에 간히는 모습을 하고 있습니다." 방 박사의 이 같은 전화에 필자는 그 순간 기뻤는지도 모른다. 필자의 생각이 적중했기 때문일 것이다. 하지만 중국과 한반도에 살고 있는 수많은 사람들에게는 아주 슬픈 결과임에 틀림없었다.

발해만에 표시된 염분 변화의 부분은 대부분 생활오수와 공장폐수라고 가정해도 무방할 정도여서 발해만의 오염은 가속화된다. 더욱이 발해만은 해류 순환이 거의 없는 정체 지역이어서 오염은 심각한 수준에 이를 수 있다는 것이 방 박사의 설명이다.

이런 발해만의 오염은 결국 황해의 오염으로 이어지고 파괴된 바다 생태계는 도미노처럼 황해 전체로 이어질 수 있다.

지난 2007년 3월 중국 정부는 이례적으로 발해만의 오염도에 대한 공식적인 발표를 했다. 중국 해양국 산하 해양발전전략연구소가 발표한 자료는 발해만의 오염도가 더 이상 쉬쉬하며 숨길 수 있는 수준을 넘어섰다는 것을 말해준다. 2006년 한 해 동안 발해만으로 유입된 폐기물은 모두 57억 톤에 달하는 것으로 추정됐다. 이 가운데 15억 8천만 톤은 유독성 화학공업 관련 쓰레기다. 이와는 별도로 20억 톤의 고체 쓰레기가 발해만에 버려졌다.

가오즈귀 해양발전전략연구소 소장은 이 같은 자료를 2007년 3월 12일 개최된 제10기 4차 전국인민대표대회에서 발표하며 발해만의 오염문제를 심각하게 제기했다. 그는 환경위원회에 참석한 자리에서 "유해 쓰레기가 대량 유입되면서 발해만 근해의 어류와 새우, 게 등 주요 수자원이 사라지고 있다"며 "어민들의 생활은 빈곤선을 밑돌고 있다"고 지적했다. 가오즈귀 소장은 "발해만 오염의 80%가 생활하수와 공장폐수, 화학비료 등"이라며 "발해만이

닫혀있기 때문에 오염도는 상상을 넘어서고 있다" 고 밝혔다.

샨샤댐으로 줄고 남수북조로 뺏기면서 더욱 감소한 양쯔강은 황해를 시작으로 한반도에 치명적인 결과로 이어질 수 있는 것이다.

한국해양연구소 이재학 박사는 "양쯔강 담수가 남수북조로 더욱 줄면서 황해 해류 순환 장애를 더욱 가속화시킬 것이다" 라는 분석을 내놨다.

두장옌 건설 복원도

양쯔강의 거센 물살을 사람의 힘으로 막을 수 있었던 것은 물을 가두지 않고 길을 내주면서 가능했다.

9 '곤'이 실패한 치수

• '곤'의 실패한 치수(治水) 2000년만에 되풀이 되는가?

샨샤댐의 건설 목적 가운데 대표적인 것이 홍수 방지다. 10년 단위였던 양쯔강 홍수를 100년 주기로 늘린다는 양쯔강은 하지만 물막이 공사가 시작된 지난 2003년부터 해마다 홍수에 시달리고 있다. 양쯔강은 샨샤댐의 존재를 부정하듯 여름내내 이 일대는 홍수 피해 소식만 쏟아져 나왔다. 그리고 홍수 피해가 거의 없었던 중국 쓰촨성과 충칭에도 다음해인 2004년과 2005년 계속된 폭우로 엄청난 피해가 발생했다. 이 때문에 샨샤댐 주변 지역이 여름 홍수의 대표적인 피해 지역이 되고 있다는 반갑지 않은 명성을 얻었다.

홍수를 100년 주기로 늘리려든 샨샤댐의 목적이 자칫 10년 주기였던 홍수 패턴마저 줄이는 역효과를 불러일으키는 것은 아닌지 샨샤댐의 물가두기 이후 여름 홍수가 더욱 심해지는 추세에 있다.

다음 글은 난징대학의 왕웨이러(王唯洛) 박사가 샨샤댐에 대한 재평가를 주장한 내용의 일부분이다. “만일 중국 정부가 진정으로 모든 잘못을 되돌려 놓길 바란다면 샨샤댐에 대한 어떤 개발 계획도 시행되어서는 안된다. 샨샤댐은 그들(정치가)이 생각하는 것처럼 제 기능을 발휘하지 못할 것이다. 단지 샨샤공정을 포기하고 제거하는 것만이 유일한 방법이다. 중국 정부는 황하의 싼먼샤댐으로 이미 엄청난 실패를 경험했음에도 샨샤댐이라는 큰 실수를 또 다시 범했다. 샨샤댐의 가장 큰 문제는 ‘물은 높은 곳에서 낮은 곳으로 흐른다.’라는 누구나 아는 진리를 애써 무시했기 때문이다. 중국 정부는 샨샤댐이 민주적이고 과학적인 방법을 통해 결정된 정책이라고 한다. 하지만 과거와 현재의 모든 상황을 미루어 볼 때 샨샤댐의 정책 결정은 근본적으로 민주적이지도 과학적이지도 못한 단지 독재의 산물이라고밖에 볼 수 없다.”

● 물에게 길을 주는 두장옌의 지혜

중국은 먼 옛날부터 치수의 성공 여부가 역대 왕조의 흥망을 좌우한 사례가 적지 않다.

요순시대 이래 중국에서는 치국선치수(治國先治水), 즉 나라를 다스리려면 먼저 물을 다스려야 한다는 말이 있을 정도다. 하지만 고대 왕조의 치수정책 가운데 물을 막는 방식의 치수는 성공하지 못했다.

전설의 주인공 '곤(鯤)'은 순임금의 지시를 받아 양쯔강의 물을 막다 둑이 터지는 바람에 수만 명의 사람들이 물고기 밥이 되고

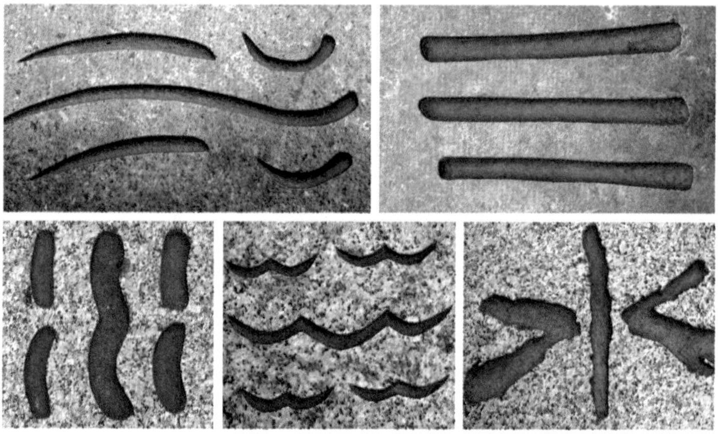

물과 관련한 다양한 상형문자

위 상형문자들은 청두의 물공원에 전시되어 있다. 물을 형상한 이 모든 상형문자는 물은 흘러가야 한다는 모양새가 자연스럽게 표현돼 있다.

두장옌

두장옌은 강의 중앙 부위를 갈라 물줄기를 나눈다. 물이 부족한 시기에는 한 쪽으로만 흐르게 하고 홍수기가 되면서 넘쳐 나는 물은 양 방향으로 흘려보내 수재를 막았다.

자신도 죽임을 당했다. 이를 교훈삼아 우왕(禹王)은 양쯔강을 더 잘 흐르도록 물길을 터 주는 방법을 택했다. 자신이 곰으로 변신해 산을 뚫고 들을 헤쳐 물길을 뚫어서 중국 역사상 처음으로 치수에 성공했다.

이후 오랜 세월 치수의 경험은 기원전 225년 두장옌(都江堰)으로 완성됐다. 두장옌은 진(秦)나라 시절 쓰촨성 일대 태수였던 이빙(李氷)이 만든 수리시설을 말한다. 이빙은 물살이 빠른 양쯔강의 지류인 민장강(岷江)의 물줄기를 내강과 외강으로 분리하는 수

두장옌 하류에 있는 남교

리시설을 만들었다. 모두 3단계로 물을 터주는 방식인 두장옌의 설치 이후 쓰촨분지는 물난리의 걱정에서 벗어나 '풍족의 땅, 하늘의 마을(天府)' 이라는 명칭을 얻었다. 지금도 두장옌은 2천여 년 전 건설 당시의 모습 그대로 운용되면서 청두와 그 주변 일대에 풍족한 물을 넘치지 않게 공급하고 있다.

유네스코는 치수의 지혜와 뛰어난 제방축조 기술이 만리장성을 능가한다며 두장옌을 2000년에 세계문화유산으로 지정했다.

두장옌은 여전히 가동 중인 수리시설인 동시에 이름난 관광지로 통한다. 필자는 두장옌에서 신해혁명 이후 모든 중국 지도자들의 공통적인 방문지임을 확인했다. 쑨원을 비롯해 마오쩌둥, 덩샤오핑 그리고 장쩌민에 이르기까지 그들의 사진과 글들이 두장옌 곳곳에 새겨져 있다. 모두 양쯔강 물을 성공적으로 관리하면서 치국에 성공하고픈 중국 지도자들의 민심 어루만지기가 느껴진다. 하지만 중국 지도자들이 두장옌에서 느끼고 갔을 법한 2000년 전의 교훈은 두장옌에서만 통했다. 바로 중국 역사의 치수 교훈에 샨샤댐은 정면으로 부정하는 사례가 되고 있는 것이다. 만약 샨샤댐이 곤의 실패로 되풀이 된다면 지금은 수억 명의 사람이 그 위험에 놓일 수 있다. 그리고 그 결과는 아무도 모른다.

여기서 먼저 중국 댐 사정을 들여다보자. 중국은 인구 수만큼이나 세계에서 가장 많은 댐을 보유한 국가다. 2005년까지 중국에 산재해 있는 댐의 수는 8만 5천 개로 전세계 댐의 절반이 중국에 몰려 있다. 하지만 이 가운데 35.7%인 3만여 개가 붕괴 위험에 놓여 있는 것으로 조사됐다. 중국 수리부 왕수천 부장은 "1954년부터 2003년까지 전국에서 3484개의 댐이 무너졌다"고 전했다. 매년 71개의 댐이 무너진 셈이다. 만일 3만 개의 댐이 실제로 무너진다면 그 피해의 대상 주민은 1억 4600만 명에 해당된다.

수리부 자료는 대형 댐의 4분의 3, 중형 댐의 3분 2, 그리고 소형 댐의 90%가 위험하다고 지적했다. 성(省)당 평균 1600개의 댐이 위험 진단을 받았다. 이에 대해 베이징에서 발행되는 〈신문주간〉은 중국 댐이 부실한 이유를 정치적 배경에서 찾았다. "대부분의 댐이 1950~60년대 진행된 대약진운동과 문화대혁명 기간에 지어졌기 때문에 출발부터 부실할 수밖에 없었다. 이유는 간단하다. 당시 미국과 영국 그리고 소련과 경쟁하기 위해 인력을 대거 동원해 일명 '마구잡이식 · 순식간에' 댐을 건설했기 때문이다."

잡지는 또 "당시 화이허(淮河)댐 건설은 미국에서 댐을 구경만 하고 돌아온 유학생 출신이 주도했고 나머지 기술자들도 상하이에 있던 한 대학의 3학년 학생들이었다"고 폭로한 뒤 사회주의 특유의 동원체제로 만들어진 댐들이 중국의 미래를 위협하는 암적인 존재가 됐다고 한탄했다.

하지만 중국의 댐 건설은 높은 붕괴 위험에도 계속되고 있다. 그것도 서부 대개발이라는 국가적 과제를 내세워 중국의 서부 지역인 양쯔강 상류 지역에 집중적으로 몰려 있다. 샤샤댐은 이미 완공되면서 발전을 시작했다. 양쯔강 지류이자 상류인 진사(金沙)강에는 중국에서 세 번째 규모의 댐인 샹자(向家)댐이 들어선다. 모두 289억 위안(3조 3000억 원)이 투입되며 2015년 완공을 목표로 하고 있다. 이 댐 건설로 윈난성 3개 현과 쓰촨성 3개 현의 일부 지역이 수몰된다. 모두 8만 9천여 명이 보금자리를 떠나 이주해야 한다. 이 댐과 함께 진사강에는 모두 500억 위엔(6조 5000억 원)을 투자한 시뤄두어(溪落渡)댐도 2015년 완공을 위해 공사에 들어갔다. 이 두 댐의 규모만 해도 이미 샤샤댐을 넘어선다.

중국 정부는 양쯔강 지류인 진사강에만 모두 12개의 수력발전소를 건설할 계획을 세워놓고 있다. 그리고 티벳고원에서 발원해 양쯔강 상류인 윈난성 일대를 흐르는 누장강(怒江)에도 모두 13개의 댐이 들어선다. 누장강은 티벳고원에서 발원해 태국과 미안마 사이를 지나 남쪽의 안다만 해로 흘러드는 3200km의 긴 강으로 하류로 가면서 살윈강으로 불린다. 이 강은 중국에서 댐이 건설되지 않은 단 둘밖에 남지 않은 강 가운데 하나다. 6천 종이 넘는 식

누장강 유역에 살고 있는
소수민족 아이들
강에서 멱을 감고 있다.
(사진 : 왕융 중국환경기자협회
회장)

누장강의 상류 풍경

물과 멸종위기에 처한 세계 동물종의 25% 이상 그리고 서로 다른 13개 소수민족 30만 명이 살고 있어 문화적인 다양성도 매우 풍부해 유네스코에서 세계문화유산으로 등록한 곳이다.

중국 윈난성 정부는 누장강에 13개 수력발전댐을 완공하면 샨샤댐보다 더 많은 2만MW의 전력을 생산한다고 발표했다. 하지만 이럴 경우 그 지역의 자연과 환경, 문화와 문명의 파괴는 물론이고 샨샤댐에 육박하는 거대한 호수들이 새롭게 생겨나 동북아시아의 환경 변화를 가속화시키는 요인이 될 수 있는 우려만 높아간다.

양쯔강은 국제 하천이 아니다. 하지만 그 물은 황해와 동중국해의 풍부한 어족 자원을 유지하는 담수원이라는 점에서 한국과 일본, 대만 등 여러 국가들이 기본적으로 그 영향권에 들어있다. 샨샤댐이 수문을 몇 개 열고 언제 열었느냐를 놓고 신경을 곤두세우게 되는 날이 올 지도 모른다. 아마 그런 신경전은 외교 문제로 비화될 수 있으며 그리 멀지 않아 찾아올 것으로 보인다.

지난 2003년 6월 샨샤댐의 물막이 공사를 끝으로 오랫동안 세대교체라는 세상의 순리로 사용되던 '장강의 뒷물결이 앞물결을 친다' 라는 격언은 더 이상 의미를 잃었다. 앞물결은 더 이상 앞으로 나가지 못하고 뒷물결과 섞여간다.

참고자료

다이칭, Yangtze! Yangtze!, 어써캔, 1989년,

다이칭, The River Dragon has Come!, 1998

후큐앙, CHINA' S THREE GORGES ON THE YANGTZE RIVER, 해풍출판사, 2002년

루진, GO TO NEW THREE GORGES, 중국여행출판사, 2003년,

The Magnificent Three Gorges Porject, 황하수리출판사, 2005년

Ecology & Environmental of the Three Gorges Project, 중국장강전력발전유한공사, 2000년

샨샤댐수리공정, 중국장강전력발전유한공사, 2001년

김수종, 0.6°, 현암사, 2003

이사벨라 버드 비숍, 박종숙, 양자강을 가로질러 중국을 보다, 호형출판사, 2005

중국환경통계연감, 중국환경보호총국, 2004년

비외론 롬보르, 김승욱, 회의적 환경주의자, 에코리브르, 2003년

수망삼협(守望三峽), 2004

왕융천, GREEN JOURNALIST SALON, 중국환경과학출판사, 2005년

중국지질도, 1967년

모택동시사(학습참고), 1968년

한·중 황해환경공동조사 보고서 제9호, 국립수산과학원 서해수산연구소 외, 2005년

샨샤댐 건설로 인한 동중국해의 해양환경영향연구, 부산대학교 해양연

구소, 2004년
Mark J. Wuenschel, Effect of temperature and salinity on the energetics of juvenile gray snapper : implications for nursery habitat value
Gavin J. Partridge and Greg I. Jenkins, The effect of salinity on growth and survival of juvenile black bream
윤원덕, Long-term monitoring on nutrients in the East China Sea, 국립수산과학원, 2005
이재학 외, THE CDW AND IT' S MOVEMENT, 한국해양연구원, 2005년
이준수 외, Observations on the behavior of the Changjiang Diluted Water with the satellite tracking drifters, 큐슈대학
T. MATSUNO 외, Divergence of Changjiang Diluted Water(CDW) and an estimation of the nutrient source in the CDW, 큐슈대학
김창식 외, 여름철 양쯔강 담수의 이동경로에 대한 3차원 수치모델링, 한국해양연구원, 2003
이동규 외, 지역기후 모델링, 2003년
양쯔강유역수력발전 현황, 샨샤댐총공사, 2005
오재호 외, 미래태풍강도 변화에 관한 연구, 2004
오재호 외, 한반도 근해 국지 자료 분석 및 최적의 고해상도 해상풍 생산연구, 2005
저우런(周仁) 기자, 샨샤공정은 민주적 정책결정의 착오, 대기원시보, 2006년 5월 20일(투데이차이나 번역)
환경연합 국제연대 마용운 국장, 세계자연유산 삼켜버릴 댐 계획(블로그), 2006년 7월 6일
조창완, 세계 최대 샨샤댐을 가다, 오마이뉴스, 2002년 11월 27일
배철민, 샨샤댐, 과연 '성공한 치수' 일까?, waterjournal, 2006년 6월 5일

모종혁, 중국 샨샤댐을 가다, 오마이뉴스, 2006년 6월 26일
김타균, 중국환경 심층르포, 프레시안, 2004년 10월 15일
이노성 기자, 수산과학원 1단계 해양환경관찰보고서, 국제신문, 2007년 1월 31일
방준식 기자, 남수북조 프로젝트, 부산일보, 2007년 1월 3일
중국 댐 3만 개 붕괴위험, 연합뉴스, 2005년 6월 29일

도움주신 분

남수북조 시뮬레이션 : 국립수산과학원 해양환경본부장 방익찬 박사
3D그래픽 : 경성대학교 디지털디자인 대학원
일러스트레이션 : 부산대학교 대학원 고혜영, 고혜민
위성사진 제공 : 국립수산과학원 해양원격탐사실
해파리그래픽 : 국립수산과학원 서해수산연구소 해양환경팀장 강영실
5차원그래픽 : 한국해양연구원 가상해양환경센터
기후시뮬레이션 : 부경대학교 환경대기과학과 오재호 교수
샨샤 사진 : 위텐치 등 다수의 제공자
충칭 샨샤박물관
마오쩌둥박물관
번역 : 수의령, 왕환, 이강

한반도 환경대재앙 샨샤댐

첫판 1쇄 펴낸날 2007년 4월 25일

지은이 진재운
펴낸이 강수걸
펴낸곳 산지니
등록 2005년 2월 7일 제14-49호
주소 부산광역시 연제구 거제1동 1493-2 효정빌딩 601호
전화 051-504-7070 | **팩스** 051-507-7543
sanzini@sanzinibook.com
www.sanzinibook.com
편집 김은경·권경옥 | **제작·디자인** 권문경
인쇄 대정인쇄

ISBN 978-89-92235-16-7 03300

값 15,000원